Entworfen und gezeichnet von C. F. Wieland, Weimar 1820
Abdruck mit freundlicher Genehmigung der Universitätsbibliothek Basel

But if you are interested in life it never lets you down.
Graham Greene: Our Man in Havana

Heißes Pflaster in der Hauptstadt   136

Frauenpower

Ende des Abenteuers Südamerika   142

Tristans Abschied von Lima · Graham: Trennung von Rio auf Raten · In der Falle

Tristan: Zornig zurück in der Alten Welt   152

Eigensinnige Frühsozialistin · Das Attentat · Auf Reportage in England · Verkleidet als Türke im Parlament · Agitation quer durch Frankreich

Graham: Flucht nach Merry Old England   165

Zweite Heirat · Hektisch reisen, rastlos schreiben · Eingeschlossen · Halbzahme Mäuse, pünktliche Vögel

Von Humboldt überschattet   180

Mischt Peter Pan mit? · Traumwelt als Schutzwall

Bücher zum Weiterlesen   186
Dank   194
Personenregister   195

Rückzug nach Valparaíso 58
Fremd am Ende der Welt · Mit Courage gegen die Trauer ·
Reise nach Santiago

Vormarsch nach Peru 69
Wüste, Hitze, Tränen · Die Höhle der Verwandtschaft · Arequipa

Grahams Tuchfühlung mit dem »Seewolf« 81
Lord Cochranes Geniestreiche · Fintenreicher Politiker ·
Chile · Maria und der Admiral · Paradies auf Zeit · Helden
als Tyrannen · Verbindungsfrau · Unruhe

Operettenputsch 104
Tote aus Habsucht · Kriegsposse

Klöster als Panzerschränke 111
Adel unter Alpakawolle · Luxuskerker · Ummauertes Gestern

Brot und Spiele der Kirche 117

Sklaven 122
Tristan mundtot auf Zuckerrohrplantage · Graham »gefriert das Blut«

Böse Zungen – spitze Federn 128
Triste Salons, schludrige Damen · Barbarische Küche ·
Monstrum Großfamilie

Inhalt

Maria Graham: britischer Querkopf 9
Anders als die andern · Fahrt nach Bombay · Kritisch in Englands Indien · Den Briganten hinterher

Flora Tristan: spanisch-französischer Dickschädel 24
Azteken als Hoffnungsschimmer · Verfluchte Ehe

Politischer Hexenkessel 30
Immer wieder Napoleon · Bourbonischer Faulpelz – dreister Günstling · Bonapartes iberische Schachzüge · Lateinamerikanisches Chaos als Methode · Brasilien schert aus

Graham segelt auf Kriegsfregatte 38
Belagerung in Recife · Hüben und drüben der Kampflinien · Bahia und Rio · Kälte, Hagel, Tod

Tristan hält Hof an Bord einer Brigg 50
Liebe und Lüge an Deck · Jenseits des Äquators

Informationen zu unseren Verlagsprogrammen finden Sie im Internet
unter www.europaeische-verlagsanstalt.de

Bibliografische Information Der Deutschen Bibliothek

Die Deutsche Bibliothek verzeichnet diese Publikation in der
Deutschen Nationalbibliografie; detaillierte bibliografische Daten
sind im Internet über http://dnb.ddb.de abrufbar.

© Europäische Verlagsanstalt | Sabine Groenewold Verlage, Hamburg 2004
Umschlaggestaltung: projekt ® | Walter Hellmann, Hamburg
Umschlagmotiv: »Ansicht einer brasilianischen Plantage an der Reede von Rio,
1830«, Lithographie nach einer Zeichnung von Johann Moritz Rugendas,
auf seiner Reise durch Brasilien (1822–24) entstanden; Foto: Hermann Buresch
© Bildarchiv Preußischer Kulturbesitz
Signet: Dorothee Wallner nach Caspar Neher »Europa« (1945)
Herstellung: Das Herstellungsbüro, Hamburg
Druck und Bindung: Clausen & Bosse, Leck
Alle Rechte vorbehalten
Printed in Germany
ISBN 3-434-50573-3

SUSANNE KNECHT

Flora Tristan und
Maria Graham Lady Callcott

Die zweite Entdeckung Lateinamerikas

EUROPÄISCHE VERLAGSANSTALT

Maria Graham: britischer Querkopf

»Die ungestüme Mrs. Graham verheißt dem guten Callcott eine trübe Zukunft.« Dieser Ansicht war 1827 Lady Holland, Gebieterin über den damals einflußreichsten Salon Londons, wo sich die politische und schöngeistige Welt traf, um genußvoll zu erörtern, was nach Krise oder Skandal roch. Lady Hollands Mißtrauen richtete sich gegen Marias eben geschlossene zweite Ehe mit dem sanftmütigen, in Aristokratenkreisen äußerst wohlgelittenen Landschaftsmaler Augustus Callcott, dessen Werke die Wände mancher berühmter Häuser zierten. Auch Lord Holland, der Gemahl, schien wenig angetan von der ungebärdigen Braut seines künstlerischen Schützlings: »Ich habe ihre Bücher zwar nie gelesen, glaube aber, sie sind unweiblich und impertinent.«

Auf dem Wühltisch eines Antiquariats war ich zufällig auf einen alten Katalog der *Tate Gallery* gestoßen, die 1981 Bilder von Callcott ausgestellt hatte. Dort entdeckte ich den Satz über die »ungestüme« Maria Graham, die dem Künstler angeblich zu schaden drohte. Der Ausspruch machte mich neugierig. Wer war diese Maria Graham? Im Internet fand ich unter ihrem Namen den Link zu *Women & Nature*, einer Spezialbibliothek der Wisconsin University, und dort den Hinweis auf ihr chilenisches Journal.

Mehr war im Online-Katalog der Library of Congress über Lady Callcott zu erfahren: die Auflistung aller ihrer Publikationen – insgesamt neun Titel aus den Jahren 1812 bis 1842 –, darunter auch Reprints jüngeren Datums ihrer umfangreichen Reisenotizen aus Chile und Brasilien.

In Südamerika hatte sie also gelebt, und zwar zur Zeit der Unabhängigkeitskriege. Der Fund war ein Glücksfall, weil mich seit langem schon eine andere Frauenfigur mit Südamerika-Erfahrung fesselte: Flora Tristan, nur wenig jünger als Graham und Großmutter des Malers Paul Gauguin. Auch sie hatte die Revolutionswirren in den spanischen Kolonien miterlebt: im peruanischen Arequipa. Auch von ihr sind ausführliche Berichte erhalten, die viel Ausgefallenes über den damaligen Alltag in der Andenstadt und in Lima erzählen.

Mein Vorhaben stand fest. Die zwei Einzelgängerinnen – Schottin aus der ehrwürdigen Familie Dundas of Dundas die eine, Tochter einer französischen Näherin und eines peruanisch-spanischen Granden die andere – sollten nebeneinandergestellt und ihre Abenteuer, ihre Begegnungen mit Regierungschefs, Revolutionshelden, kolonialen Familienpatriarchen verknüpft werden. Beide hatten die Bürgerkriegszonen auf eigene Faust erkundet und kritische, heute noch aktuelle Lageberichte publiziert. Trotz gegensätzlicher Temperamente und grundverschiedener Herkunft stellten beide fest, daß die demokratisch geprägte Selbständigkeit lateinamerikanischer Länder in weiter Ferne liege – wenn nicht gar unerreichbar sei. Wie riskant sie mitten in den Scharmützeln gelebt hatten, ist heute vergessen.

Voraussetzung meines Plans, den beiden »Reporterinnen« auf die Spur zu kommen, war eine Reise nach Südamerika, an die verschiedenen Orte, wo sie gewesen waren. Ohne Kenntnis der Städte und Straßen, wo sie gelebt, ohne eigene Erfahrung der

Landschaften, die ihre Texte geprägt hatten, schien mir das Vorhaben zwecklos. In Chile und Peru reiste ich Graham und Tristan nach, versuchte mit heutigem Blick zu verstehen, was ihnen damals vertraut oder auch sehr fremd erschienen war.

ANDERS ALS DIE ANDERN

Schon längst vor ihrer Fahrt nach Brasilien und Chile war Marias unstetes Leben ins Gerede geraten; ihre auffälligen Unternehmungen lieferten beliebten Gesprächsstoff rund um die Londoner Teetische.

»Nahe der kleinen Hafenstadt Cockermouth in Cumberland steht eine alte römische Wachanlage mit dem heutigen Namen *Papcastle*. Dort wurde ich am 19. Juli 1785 geboren«, schreibt sie – schon über fünfzig – in ihren Erinnerungen. Ihr Vater, ein Admiral, hatte im amerikanischen Unabhängigkeitskrieg auf der Seite Englands gekämpft. 1783 war er zurückgekehrt, verheiratet mit einer Amerikanerin aus Virginia. »Sie war sehr schön, meine Mutter, und alle um Liverpool herum nannten sie wegen ihrer hellen Stimme die Nachtigall aus Virginia.«

Als Maria spät im Leben die Geschichte ihrer Kindheit aufschreibt, ärgert sie sich über die Launen des Gedächtnisses, die ihr früheste Erlebnisse verwischen. Dennoch entsinnt sie sich sehr genau ihrer ersten Begegnung mit der Wucht und der Wildheit des Meeres. Sechs Jahre alt war sie damals:

Eines Nachts, kaum war ich im Bett, hörte ich meine Mutter die Treppe herauf ans Fenster laufen. Sie betete laut für meines Vaters Sicherheit und wehklagte über eine schreckliche Katastrophe. Die See schlug mit Riesenlärm wie Donner ans Hausfundament, der Wind heulte, wie ich ihn noch nie gehört hatte, und dazwischen die Schreie sterbender Menschen.

Am Morgen, kaum war das Licht da, erblickte ich aus dem Fenster anstelle des Piers, wo ich immer gespielt hatte, Steinmassen, zerbrochene Boote, die Kiele nach oben, Leichen, so weit ich sehen konnte. Und Frauen irrten zwischen den Verstorbenen, suchten ihre Männer und Söhne, um sie begraben zu können.

Wenig später, Maria war acht, kehrte der Vater eines Tages nach ungewöhnlich langer Seefahrt zur Familie zurück. Kaum war er da, führten die Eltern geheimnisvolle Gespräche hinter verschlossenen Türen. Maria hat zurückschauend nur noch die weinende Mutter vor Augen, das bepackte, gesattelte Pferd Bob, daneben ihr Pony. Niemand klärte das Kind auf, wohin es ging, als sie gemeinsam mit dem Vater losritt. Es war die erste Etappe des Aufbruchs in die Fremde, der Anfang ihrer ersten großen Reise nach London und weiter in die Gegend von Oxford, der Weg ins Internat – ein Abschied von der Familie für immer. Die Mutter sah sie nie wieder, den Vater zehn Jahre danach. Den jüngeren Geschwistern, einer Schwester und zwei Brüdern, begegnete sie erstmals als fast Erwachsene.

Unerschrocken: Im Internat der beiden Schwestern Bright galt sie als unzähmbar, gefürchtet wegen ihrer Wutausbrüche. ›Tiger‹ wurde sie gerufen, nachdem sie einer Mitschülerin aus Zorn den Daumen fast durchgebissen hatte. Als die Erzieherin Miss Bright sie wegen eines Tintenflecks auf dem Tischtuch tadelte, schrie sie zurück: »Sie mitsamt Ihrer gelehrten Schwester stehen weit unter mir, wenn Ihnen ein Fleck derart wichtig ist.« Die Folge: Sie wurde für fünf Wochen in einen winzigen Raum verbannt, ausgesperrt vom Unterricht, getrennt von den Mitschülerinnen. Im Nu aber fand sie heraus, daß ihr Verlies mit der Privatbibliothek der Lehrerinnen durch eine Lücke in der Decke verbunden war. Auf einem Stuhl stehend, konnte sie nachts die obere Stube erklimmen. Heimlich stahl sie Ilias und Odyssee, Vergil, die griechischen und römischen Sagen, erkannte in Odysseus ihren Vater, einen »echten Kapitän«. Plötzlich stand ihr in ihrer »Schachtel«, wie sie die Zelle nannte, die Welt offen: »Ich glaube, diese Bücher haben mich endlich zivilisiert.« Erziehung: Was ihre Manieren und ihr Äußeres anging, stand es nicht zum Besten. Sie haßte jede Art von Putz, Mieder, elegante Kleider, Gesellschaften, Bälle. Alles überflüssig, wie sie fand. In den Ferien wurde sie zum ältesten Bruder des Vaters nach Richmond geschickt und dort aufs gesellschaftliche Parkett gestellt. In den privaten Theatern der Herrschaftssitze traf sie die großen Londoner Schauspieler, in den eleganten Häusern den englischen Adel, die emigrierte französische Aristokratie, russische oder österreichische Fürsten, die ihre Familien vor Napoleon in Sicherheit gebracht hatten. Maria bekam ihren Schliff, lernte Menschen beurteilen, ohne sich selbst zu verlieren: »Titel waren mir nie wichtig.« Um so wichtiger aber scheint ihr, daß Mädchen denselben Zugang zur Bildung haben sollten wie junge Männer. Es will ihr nicht in den Kopf, daß Männern das Rüstzeug zum Verständnis der klassischen Autoren nachgeworfen wird und literaturhungrige Frauen darben müssen.

Weil ich ohne Mutter aufwuchs, wurde ich auch nie dazu erzogen, auf den Heiratsmarkt geworfen zu werden. Ich war deshalb schockiert über die Vorurteile, wenn ich vergnügt mit Männern plauderte – auch über Dinge, von denen ich nichts verstand – und tatsächlich überrascht und empört, wenn deswegen hinter meinem Rücken geklatscht wurde.

FAHRT NACH BOMBAY
Mit dreiundzwanzig trat Maria im Dezember 1808 ihre erste Überseereise an. Als Begleiterin des Vaters segelte sie auf einer Kriegsfregatte nach Bombay, wo er einen militärischen Posten übernehmen mußte. Mit Witz und Verve nimmt sie in ihrem Tagebuch die Besatzung mitsamt der Handvoll Passagiere aufs Korn, beschreibt den Alltag in der engen Schiffswelt, berichtet über tagefüllende literarische Streitgespräche mitten im Sturm. Cicero, Petrarca, Chaucer, Shakespeare standen auf dem Lektüreplan wie auch im Brennpunkt heftiger Auseinandersetzungen.

An jedem Ankerplatz ging sie mit Neugierde und Zeichenblock als erste an Land. Zum Beispiel in Funchal auf Madeira: »Überall englische Truppen, tausend Leute, die den Einheimischen alles wegessen. Wegen des amerikanischen Embargos ist das teure Brot aus Mais gebacken, der auf den Azoren wächst, die Hefe wird aus Trester gewonnen – nicht nach jedermanns Geschmack.«

Im selben Jahr hatten die Spanier gegen Napoleon revoltiert. Maria konnte damals nicht wissen, daß dieser Protest die südamerikanische Befreiung auslösen und sie selbst mittendrin ihre Rolle spielen sollte.

Kapstadt:

Wir inspizierten ein Hottentottenregiment, neunhundert Mann, alle hervorragend ausgebildet, alle in englischen Uniformen: dunkelblaue Jacke mit hellgrünem Revers, im Feld erdbraune, sonst weiße Hose, schwarze Gamaschen und Schuhe. Sie leben mit ihren Familien in sauberen, weißgetünchten Hütten. Ganze Clans kommen aus dem Landesinneren nach, angelockt vom Komfort. Vor 1798 hatten hier die Holländer das Sagen – ein Alptraum für die Eingeborenen: kein Sold, keine Kleider, verwahrloste Unterkünfte. Die armen

Kreaturen wurden nach Lust und Laune ihrer Herren gepeitscht oder auch erschossen, und wehe, wenn die Buren sie in ihrem Staat Hottentotten-Holland aufspürten: Wie wilde Tiere wurden sie gejagt und getötet. Noch jetzt bekommen die Schwarzen in den holländischen Häusern Schweinefutter im Trog vorgesetzt. Guter Gott, wie können Menschen bloß so verkommen sein, ihre Mitmenschen derart zu traktieren!

Einer der Schiffsoffiziere, Thomas Graham of Fintry, auch er aus vornehmer schottischer Familie, dazu »liebenswürdig, von rascher Auffassung«, wird im Tagebuch verräterisch häufig genannt, bis Maria schließlich die ganze Wahrheit auf den Tisch legt:

> Ich hatte das zärtlichste Gespräch mit meinem geliebten Graham. In dieser Nacht schworen wir uns gegenseitig Treue. Schon vor der Landung in Kapstadt hatten wir damit begonnen, der eine für den anderen zu leben, aber in dieser Nacht konnten wir die Ungewißheit nicht länger ertragen und überzeugten uns gegenseitig von unserer Leidenschaft.

KRITISCH IN ENGLANDS INDIEN

Nach fünf Monaten Reise ankerte das Schiff vor Bombay. Zwei Jahre lang wird Maria Graham – unterdessen verheiratet – zwischen Bombay, Madras, Kalkutta und Ceylon pendeln. Ihre farbigfrechen Notizen über den englischen, hinduistischen und islamischen Alltag im Reich der East India Company, betitelt *Journal of a Residence in India*, erschien 1812 in Edinburgh, ein Jahr nach der Rückkehr.

Dem Text liegen Briefe zugrunde, die sie nach England schickte – wiederum treffende Beobachtungen, mißbilligende Blicke auf englisches Kolonialgebaren, Spott vor allem über die Beamten, die in der Falle ihrer eingebildeten Wichtigkeit sitzen. Sie frotzelt über die Verwandlung von britischen Kleinbürgern in tropische Kleinfürsten: »Sie halten es für unter ihrer Würde, etwas zu lernen, und haben selbst rein gar nichts zu bieten; die Frauen alle *overdressed and underbred,* dumm und grob.« Die kolonialen Damen kommen bei Graham generell schlecht weg: »Anziehen, umziehen, sich hinlegen und für zwei Minuten flüchtig ein Buch durchblättern, den Band gähnend sinken lassen, schlafen, erneut anziehen und umziehen: Dies ist offen und ehrlich gesagt das Leben einer Engländerin in diesen Breitengraden.«

Die Publikation, noch im Erscheinungsjahr in einer zweiten Auflage gedruckt, wurde von der Kritik zur Kenntnis genommen, wiewohl reichlich herablassend: »Das Buch einer jungen Dame, die, wie viele andere jungen Damen, vermutlich nach Indien ging, um einen Ehemann zu finden, statt nach Informationen zu suchen. Aber es handelt sich immerhin um eine literarische Kuriosität, die wir nicht übersehen wollen.«

Die »literarische Kuriosität« entpuppt sich bei der Lektüre als packende Dokumentation, als eine der seltenen ungeschminkten Darstellungen kolonialer Eintönigkeit, als Tadel der englischen Arroganz sowie überhaupt der europäischen Distanz zu den unvertrauten Kulturen, denen Maria Graham unbedingt auf die Spur kommen will. Ein Exemplar der Erstausgabe – Großformat, kostbar hergestellt und gebunden – bewahrt die Basler Universitätsbibliothek auf. Die Illustrationen stammen von der Autorin. Ihr Geschick mit dem Zeichenstift verblüfft ebenso wie ihre sprachliche Schärfe.

Mit den Landsleuten langweilt sie sich:

Die Parties in Bombay sind die ödesten und mühseligsten Angelegenheiten, die man sich vorstellen kann. Vierzig bis fünfzig Leute versammeln sich abends um sieben und starren sich gegenseitig stumm und stur an, bis endlich zum Essen gerufen wird. Die Sitzordnung ist streng hierarchisch: Der Rang einer Dame muß dem Rang ihres Tischnachbarn entsprechen, so daß sich bei allen Dinners unausweichlich dieselben Leute nebeneinander plaziert finden. Die Gespräche sind so schal wie der Geist der Gäste. Es geht um Pferde, Kaleschen, Intrigen, Mode, Juwelen. Jeder Gast bringt zwei bis drei Diener mit, die schwarzbärtig hinter den Stühlen stehen und mit Palmwedeln für Luft sorgen.

Der Bazar hingegen ist Marias Element:

> Abends über den Bazar zu schlendern ist die beste Unterhaltung. Jede der vielen Buden ist mit mindestens zwei Laternen erleuchtet. In tiefen Tontöpfen werden alle erdenklichen Getreidesorten, Gemüse und eine Menge von Früchten feilgeboten, auf den Tischen liegen Berge von Süßigkeiten aufgetürmt in allen Farben und Formen. Es gibt Parfum-, Öl-, Spielzeug-, Messing-, Kupferläden. Dazwischen regelrechte Banken. Inmitten riesiger Münzstapel hocken lauernd die Wechsler und Geldverleiher in ihren dunklen Hütten. Beim Barbier stehen die Leute in dichten Trauben. Dort erfahren sie die neuesten Neuigkeiten. Begleitet wird der nächtliche Trubel von Trommelwirbeln, Gitarren-, Schalmeien-, Flöten- und Trompetengetön. Die Musikanten ziehen grellbunt gekleidet in kleinen Gruppen durch die Menge, vorneweg stets einige Kinder mit Fackeln und Bannern.

Kalkutta, der Sitz des Generalgouverneurs am Hooghlyfluß, das politische Zentrum des kolonialen Indiens, wirkte auf Maria kaum weniger provinziell als Bombay oder Madras – trotz des beachtlichen Prunks der englischen Importarchitektur:

> Im Grund ist Kalkutta – London vergleichbar – eine kleine Stadt, aber die Vororte dehnen sich endlos aus, quellen über von Bewohnern aus aller Welt: Chinesen, Franzosen, Perser, Deutsche, Araber, Spanier, Amerikaner, Portugiesen, Juden, Holländer leben friedlich nebeneinander. Eigentlich sollte diese Mischung nationale Vorurteile gar nicht erst aufkommen lassen. Aber zumindest bei den Engländern zeitigt das Nebeneinander den gegenteiligen Effekt. Jeder Brite hier ist stolz darauf, in die Rolle des abscheulichen John Bull zu schlüpfen.

Mit John Bull meint sie die Karikatur eines Erzspießers. Immerhin gelingt es ihr, sogar in der Hauptstadt Leute zu treffen, die ihr zusagen. Beim Generalgouverneur lernt sie Spezialisten kennen, die sie mit den östlichen Philosophen oder dem Wesen der hinduistischen Religion bekannt machen. In einer Missionsstation entdeckt sie eine Druckerei, die Bibeln auf Chinesisch mit englischer Übersetzung herausgibt. Sie beschließt, Chinesisch zu lernen, um Konfuzius im Original zu lesen. Woran sie sich stößt, womit sie nicht zurecht kommt, ist die Rauheit des hinduistischen Alltags, der Umgang der Menschen miteinander:

> Vor ein paar Tagen sah ich auf dem Fluß eine Leiche treiben, aufgeschwemmt. Am Landungssteg beobachtete ich zwei wilde Hunde, die sich um eine zweite Leiche balgten, der eine rannte eben knurrend mit einem Hüftknochen davon. Nun, obwohl es mir prinzipiell gleichgültig ist, was nach dem Tod mit meinem Körper geschieht, und ich nicht wählen kann, ob er von Würmern oder von Fischen verzehrt werden wird,

so kann ich doch nur mit Abscheu zusehen, wie Tote von Hunden oder Schakalen durch die Dörfer geschleift werden. Das ist entlang der Ufer des Hooghly-Flusses leider gang und gäbe – aber noch längst nicht das Schlimmste. Wenn nämlich ein Mensch hier gebrechlich wird oder eine gefährliche Krankheit hat, wenn also die Nächsten an seinem baldigen Ableben interessiert sind, dann setzen sie ihn in den Fluß, verstopfen ihm Ohren und Nase mit Dreck und lassen ihn zugrunde gehen – was meist nicht ohne wilde Gegenwehr geschieht. Falls das Opfer dank seiner Konstitution überlebt, wird es zum Paria. Solche Menschen gehören nicht mehr länger zur Familie, haben kein Anrecht mehr auf ihr Vermögen. Unsere Regierung errichtete dreißig Meilen von Kalkutta entfernt eigens ein Dorf für diese Ärmsten. Es leben dort Hunderte von ihnen.

DEN BRIGANTEN HINTERHER
Zwischen 1812 und 1818 bleiben große Abschnitte von Maria Grahams Leben im dunkeln. Die wenigen erhaltenen Zeugnisse deuten auf verschiedene Wohnorte in Schottland. Napoleon war besiegt, die Kriegsmarine geschrumpft, der Fregattenkapitän Graham mit halbem Sold an Land gesetzt. 1815 wird sie im Brief einer Verwandten erwähnt, die sich entsetzt zeigt über den neuesten literarischen Plan Marias: »Schon wieder schreibt sie! Diesmal wahrhaftig an einer heidnischen Mythologie! Niemand wird das lesen wollen.«

Erst im September 1818 tritt sie mit ihren Taten wieder ans Licht: Das Paar Graham brach zu einer Schiffsreise auf. Das Ziel war Rom, Kurzaufenthalte unterwegs waren in Gibraltar, Malta, Sizilien, Neapel geplant. Wer damals von England nach Italien fuhr, wählte meist die Schiffsroute über den Atlantik nach Gibraltar und von dort durchs Mittelmeer an den Bestimmungsort.

Anfang 1819 trafen die beiden in der Vatikanstadt ein und blieben über ein Jahr. Ein Brieffragment läßt vermuten, daß Captain Graham bei der Flotte eingesetzt war. Genaues ist nicht bekannt.

Aus jener Zeit ist eine Porträtzeichnung der fast Fünfunddreißigjährigen erhalten, skizziert vom befreundeten Maler Charles Eastlake: der Kopf im Halbprofil, recht tiefliegende Augen, darüber offen die Stirn mit waagerecht laufenden Brauen, die lange, schmale Nase leicht gebogen, Mund und Kinn energisch. Im Blick liegt Skepsis – als werfe sie ihrem Gegenüber gerade eben Mängel der Argumentation vor. Das strenggeschnittene Gesicht nimmt sofort gefangen, die kleidsame Kappe über den kurzen Haarsträhnen deutet auf Stilsicherheit – auch im Modebereich.

Kaum in Rom angekommen, sah sie sich neugierig um, suchte nach Themen für spannende Berichte. Tempel, Statuen, Gemälde oder Palazzi interessierten sie nicht. Sie wollte dort recherchieren, wo die Reisenden meist nicht hinschauten:

»Was die modernen Italienschwärmer leider links liegen lassen, ist die Bevölkerung. Man muß den Alltag der Bauern kennenlernen, um zu erfahren, wie tief der Graben geworden ist zwischen dem fortschrittlichen Europa und der altbackenen Verschrobenheit des Kirchenstaats.«

Zu jener Zeit standen große Gebiete von der Adria bis zum tyrrhenischen Meer, von Urbino bis Terracina unter der Hoheit des Vatikans. Kurz und bündig urteilt sie über die päpstliche Herrschaft: »Hier brennt das Feuer einzig, um zu zerstören, nicht um zu wärmen.«

Die Flucht vor der sommerlichen römischen Hitze in die Berge führte Maria geradewegs zur Erforschung italienischen Bauernlebens, speziell zur persönlichen Erfahrung, wie schutzlos die Leute den dreist operierenden Räuberbanden ausgesetzt waren. Sofort erkannte sie aber auch die seltsamen Verkettungen zwischen

Bauern und Briganten und zeigte sich erstaunt über das Doppelgesicht der Italiener, über ihre Lauterkeit und gleichzeitig ihre Durchtriebenheit. Marias Geschichten über die Fehde zwischen den beutegierigen *fuorusciti* und ihren Gegenspielern, den Bauern und Handwerkern, müssen heute als rare Berichte über den Alltag in den einstigen Dorfgemeinschaften gelesen werden. Als erste Ausländerin nahm Graham die Mühe auf sich, Tür an Tür mit den Dorfleuten zu leben mit der Absicht, ihre Sitten aus nächster Nähe zu beobachten, die verschiedenen Rollen im Ort – Pfarrer, Gemeindepolitiker, Gutsherren, junge Frauen, alte Frauen, Familienhierarchien – zu untersuchen. Als erste berichtet sie auch über mafiaähnliche Organisationen, die damals schon ganze Landstriche terrorisierten. Den Text *Three Months Passed in the Mountains East of Rome during the Year 1819* publizierte sie 1820 in London.

Die Grahams nahmen Quartier in Poli, einem Flecken zwischen Tivoli und Palestrina. Das beherrschende Thema der Leute war ihre Angst vor den Banditen, die in den nahen Apenninabhängen überall ihre Nester hatten. In den Ortschaften forderten sie Kopfsteuern – heute heißen solche Quoten Schutzgelder oder *tangenti*. Wer wieviel besaß, erfuhren sie in ihren Schlupfwinkeln von den Hirten, die schließlich wissen mußten, wem die Herden gehörten.

Wie die Rache an Zahlungsunwilligen aussah, hat Maria mit eigenen Augen gesehen. Entsetzt schildert sie eine Szene, die sich vor ihrem Haus abspielte: Plötzlich hörte sie in der Dämmerung lautes Wehklagen und sah Frauen rund um einen Gegenstand kauern. Beim Nähertreten bemerkte sie im Halbdunkel ein Bündel auf der Straße liegen, einen erstochenen jungen Mann. Die Eltern wehklagten, die Schwestern des Toten stießen spitze, gellende Schreie aus, und die Brüder machten sich unverzüglich auf zur Verfolgung der Übeltäter. Anderntags erwischten sie einen

Verdächtigen – ob er wirklich der Mörder war, wußte niemand genau –, hielten ihn fest und metzelten ihn kaltblütig nieder. Maria empört sich über fehlende Richter. »Es gilt einzig das Faustrecht«, schreibt sie.

Das Ereignis stachelte sie an, die Gesetzlosen näher unter die Lupe zu nehmen. Wer waren diese Ganoven? Sie machte einen Burschen als Informanten ausfindig, der das Banditenleben als Gefangener kennengelernt hatte und ihr anschauliche Details berichtete.

Tagsüber blieben die Räuber ruhig in ihren Verstecken, spielten Karten, sangen Lieder, tanzten alte Tänze, erzählten sich Geschichten – ganz locker und scheinbar friedlich. Erst im Schutz der Nacht gingen sie ihren Geschäften nach. Alte und Junge waren dabei. Auffallend war die Kleidung: pittoresk, zerlumpt, aber stets irgendwie militärisch. Jacken mit Silberknöpfen, Hosen aus blauem Samt, Sandalen mit Lederbändern bis zum Knie. Einige trugen seidene Tücher um die Stirn geknüpft, alle lederne Gürtel mit prächtigen Spangen und aufgenähten Patronentaschen. Säbel, Küchen- und Jagdmesser, Gabel, Löffel gehörten zur Grundausrüstung. Jeder Brigant hatte ein Bild der Madonna um den Hals hängen, weil sie den Tod versüße. Den Kopf schützten sie mit schwarzen kokardenverzierten Dreispitzen. Schmuck war wichtig: Goldene Ohrringe, Uhren, schwere Uhrketten, Ringe und Petschaften galten als prestigeträchtige Beutestücke aus erfolgreichen Überfällen. Ausnahmslos waren sie abergläubisch. So sollte ein Stück Bergkristall am Hals des Anführers die Feinde blenden. Diesen Chefs gehorchten sie bedingungslos. Doch wehe, wenn einer in Ungnade fiel. Dann wurde er kaltblütig ermordet.

Für die Dreistigkeit der Spitzbuben macht Maria die laschen Gesetze des Kirchenstaats verantwortlich, die für solche Landplagen keine Strafen vorsahen. Den Bürgern blieb einzig die Selbstjustiz, der Rachefeldzug. Natürlich setzte sie alles daran, an einer solchen Vergeltungsaktion teilzunehmen.

Bei Tagesanbruch zogen zwei Gruppen los, teils zu Pferd, teils zu Fuß, Frauen und Männer. Ein paar Burschen hatten es allerdings vorgezogen, sich zu drücken und, statt auf Kriegspfaden zu wandeln, eine Kirmes zu besuchen. Die Unentwegten samt Maria kletterten voller Angst die unwegsamen Abhänge hinauf; sie wußten, daß die Briganten zwei Geiseln in ihrer Gewalt hatten. Mittags kam die Kunde, daß die eine Geisel brutal umgebracht worden war. Nun gab der Anführer der Expedition den Befehl, die Männer sollten allein weitergehen, und schickte die Frauen zurück – als Bewacherinnen der Häuser, Gewehr bei Fuß. Jede holte einen prächtig verzierten Schießprügel aus dem Versteck und setzte sich auf die Türschwelle, das Erbstück fest in der Hand. Nach langem, bangem Warten plötzlich lautes Geschrei. Die abtrünnigen Festbesucher waren feuchtfröhlich zurückgekehrt, empfangen von wütendem Keifen. Zu guter Letzt erfolgte die Heimkehr der tapferen Verfolger – unverrichteter Dinge, ohne gefangene Ganoven im Schlepptau. Inzwischen war es Nacht geworden in den Gassen, wo sich das ganze Leben abspielte. Mütter suchten mit Laternen nach ihren Kindern, Burschen nach ihren Mädchen, die Tapferen beschimpften die Drückeberger, allerorts herrschte ein kaum vorstellbares Geschrei und Durcheinander. Und niemand bemerkte, daß die gut organisierten Banditen sich die Erregung zunutze gemacht hatten und in aller Ruhe, geschützt vom Dunkel, direkt neben dem Dorf vorbeizogen – zur nächsten Untat.

Flora Tristan: spanisch-französischer Dickschädel

Meine Großmutter war offensichtlich eine originelle Person. Sie hieß Flora Tristan. Proudhon sagte, sie sei genial gewesen. Weil ich das nicht beurteilen kann, muß ich Proudhon glauben. Sie hatte Verbindungen zu allen möglichen sozialistischen Zirkeln, unter anderen auch zu Gewerkschaften. Die dankbaren Arbeiter errichteten ihr in Bordeaux ein Denkmal. Möglich, daß sie nicht einmal kochen konnte. Ein sozialistisch-anarchistischer Blaustrumpf! Zwischen Dichtung und Wahrheit konnte ich allerdings bei ihr nie unterscheiden.

Der Enkel, Paul Gauguin, erinnert sich in seinen späten Tagebüchern der Großmutter, die er einzig vom Hörensagen gekannt hat.

AZTEKEN ALS HOFFNUNGSSCHIMMER
Die wahre Flora Tristan bleibt bis heute versteckt – trotz intensiver Nachforschungen in jüngster Zeit. Sie selbst verwischte eigenhändig viele Spuren und legte bewußt falsche Fährten, um ihre Person stets in hellstem Glanz erstrahlen zu lassen. So erzählt sie, daß der Ahnherr ihres Vaters Montezuma gewesen sei, der letzte Herr-

scher der Azteken. Der habe zum Beweis seiner Unterwerfung den Spaniern eine Tochter zum Geschenk gemacht, und der Eroberer Cortés gab sie dann einem seiner Offiziere – einem Vorfahr Floras – zur Heirat. Gewiß ist, daß Flora Tristans Vater aus einer spanisch-peruanischen Familie stammte, die in der Gegend von Arequipa Ländereien und beträchtliche Machtpositionen besaß.

Im Vorwort ihres Peru-Berichts *Pérégrinations d'une Paria* spricht sie knapp und betont unverfänglich von ihren Eltern: »Meine Mutter ist Französin. Während ihrer Emigration heiratete sie in Spanien einen Peruaner. Weil sich dieser Ehe einige Hindernisse in den Weg stellten, wurde das Paar heimlich von einem französischen Priester getraut.«

Die Wirklichkeit stellt sich um einiges vertrackter dar. Richtig ist, daß Floras Mutter, die aus kleinen Verhältnissen stammende Näherin Anne-Pierre Laisnay, vor den Wirren der Französischen Revolution nach dem spanischen Bilbao geflohen war. Dort lernte sie den zwölf Jahre älteren Oberst Don Mariano de Tristán y Moscoso kennen. Wie alle Spanier aus den Kolonien hatte er in der Heimat Militärdienst geleistet, war danach aber in Europa geblieben. Als hoher Offizier hätte er die Pflicht gehabt, vom spanischen König eine Heiratserlaubnis einzuholen. Weil die Braut jedoch bereits ein Kind erwartete und wohl auch ihrer Herkunft wegen nicht über alle Zweifel erhaben war, wurde der König umgangen und folglich die Ehe nie zivilrechtlich, sondern einzig kirchlich geschlossen. Nach spanischem Recht war die Verbindung deshalb ungültig.

Am 7. April 1803 kam Flora zur Welt. Der Vater anerkannte sie zwei Tage später offiziell als seine Tochter. In Vaugirard, einem Ort nahe Paris, erstand er ein stattliches Haus mit Namen *Le Petit Château*. Dort verlebte Flora unbeschwert ihre ersten Jahre. Finanzielle Sorgen kannte die Familie nicht. Don Mariano bezog als ehemaliger Offizier eine Pension, und außerdem schickte die Familie aus Peru regelmäßig Zuwendungen.

Plötzlich die Katastrophe: Im Juni 1807 starb Don Mariano an einem Schlaganfall – noch vor der Geburt seines Sohnes Pío im folgenden Oktober. Kaum war er beerdigt, traf der spanische Botschafter in Vaugirard ein, beschlagnahmte alle Papiere und informierte die Witwe, daß der ganze Besitz den peruanischen Erben zustehe. Die französische Regierung konfiszierte das Haus. Mit dem Verkauf der Möbel wurde die Beerdigung bezahlt. Flora schreibt später lapidar: »Meine Mutter hatte keine Mittel, mich und meinen Bruder zu erziehen. Sie zog sich zuerst aufs Land zurück, wo ich blieb, bis ich fünfzehn war. Nach dem Tod meines Bruders gingen wir nach Paris.«

Im damals armseligen Quartier Latin mietete die Witwe eine winzige Wohnung. Es fehlte an allem: an Kerzen, Holz zum Heizen, Brot. Die Mutter hielt sich und die Tochter aufrecht mit erträumten Geschichten. Sie berichtete dem Mädchen vom unermeßlichen Reichtum der Familie im fernen Peru, vom königlichen Blut, das in Floras Adern fließe, und von den prächtigen Palästen, in denen sie dereinst wohnen werde.

Schulen hat Flora höchstens sporadisch besucht, mit siebzehn kann sie kaum korrekt schreiben, wohl aber lesen. Sie verschlingt alle Bücher in Reichweite. Mit dem Erlös aus dem Verkauf einer silbernen Zuckerzange, der letzten verbliebenen Kostbarkeit, ersteht sie den Roman *Corinne* von Madame de Staël sowie Bücher von Walter Scott und Lord Byron.

VERFLUCHTE EHE

Geld zu verdienen ohne schulische Kenntnisse erwies sich als schwieriges Unterfangen. Madame Tristan, die rührige Mutter, hatte aber durch Nachbarn in Erfahrung gebracht, daß der Patron einer kleinen Druckerei in der Nähe Arbeiterinnen suchte zum Kolorieren von Parfumetiketten. Sie bekniete die Tochter, sich dem Besitzer vorzustellen – zwecks beeindruckendem Auftritt in ihren eigenen, abgetragenen, jedoch immer noch eleganten Kleidern.

Der junge Mann glaubte, vor einer wahrhaftigen Prinzessin zu stehen. So war er skeptisch, ob sie täglich dreizehn Stunden lang für bloß vierzig *sous* arbeiten wolle. Sie will, weil sie muß! Der Patron – mit Namen Chazal – begleitete sie nach Hause, um gleich den Vertrag in Ordnung zu bringen.

Dort in der dunklen Küche hörte er als erstes die peruanische Familiensaga und wähnte sich in einem Märchen mit Flora als Prinzessin im Zentrum. Zwei Tage später bat er um ihre Hand. Die Mama, in akuten Geldnöten, drängte auf sofortige Heirat. Sie fand am 3. Februar 1821 statt. Flora war achtzehn Jahre alt. Viel später sagt sie: »Meine Mutter hat mich gezwungen, einen Mann zu ehelichen, den ich weder liebte noch achtete.«

Bald wurde das erste Kind geboren, ein schwächlicher Knabe, zwei Jahre später der zweite Sohn. Die Ehe war jammervoll. Flora sprach kaum mit ihrem Mann, fühlte sich ihm turmhoch überlegen. Er floh vor ihrer Geringschätzung in Kneipen und Kabaretts, trank ganze Nächte durch, Geld war bald keins mehr da, der Konkurs unvermeidlich. Flora packte ihr Hab und Gut zusammen, flüchtete sich mit den Kindern zur Mutter. Als Frau, die aus eigenem Antrieb den Ehemann verließ, war sie in der damaligen Zeit eine Ausgestoßene, eine »Paria« – wie sie selbst nicht ohne Stolz erklärte. »Deshalb nahm ich auch meinen Mädchennamen wieder an und gab mich als Witwe aus«, schreibt sie kühl berechnend. Aber Chazal holte sie noch einmal zurück. Sie erlebte Prügelszenen, Erniedrigungen. Gleichwohl brachte sie im Oktober 1825 noch eine Tochter zur Welt, Aline-Marie, später die

Mutter von Paul Gauguin. Das geliebte Mädchen gab Flora den Mut weiterzuleben.

Ende des Jahres wandte sie sich aber endgültig ab von Chazal und übernahm eine Stelle als Dienstmädchen bei einer englischen Aristokratenfamilie. Die zwei Söhne hatte sie bei Bauern einquartiert, die Tochter bei der Mutter im Quartier Latin. Es scheint, daß sie ihre neuen Arbeitgeber auf Reisen durch Frankreich, Italien und die Schweiz begleiten mußte und schließlich mit ihnen nach England zurückkehrte. Über diese drei »Wanderjahre« schweigt sie sich aus, keinerlei Zeugnisse sind überliefert. Flora selbst zerstörte aus Zorn über das »schmachvolle Sklavendasein« alle Briefe und Dokumente.

1828 tauchte sie wieder in Paris auf und erreichte endlich die gesetzliche Trennung von ihrem Mann – ein großer Schritt vorwärts in die Freiheit. Laut Gerichtsentscheid mußte sie nun wenigstens nicht länger für seine Schulden aufkommen. Scheidungen waren nach dem französischen *Code civil* bis 1884 nicht erlaubt.

Ein Jahr später sitzt sie mit der kleinen Tochter Aline im Speisesaal einer Pension in Paris. Dort, an der *Table d'hôte*, begegnet sie einem Seemann, dem Kapitän Zacharie Chabrié, der eben aus Lima zurückgekehrt ist. Als er ihren Namen Tristan hört, erzählt er ihr schwärmerisch vom Reichtum und Landbesitz ihrer Verwandten in Arequipa.

Also doch! muß sie überlegt haben und entschließt sich zu handeln. Im Juni 1830 schreibt sie an das Familienoberhaupt, Don Pío Tristán, den jüngeren Bruder ihres Vaters. Weder ihre Heirat noch die Kinder sind ihr erwähnenswert. Sie spricht einzig von den Leiden der Mutter, von der Armut und fügt diplomatisch bei: »Ich erwarte von Ihnen Gerechtigkeit und Güte. Ich vertraue mich Ihnen an in der Hoffnung auf eine bessere Zukunft. Ich erbitte

Ihren Schutz und wünsche mir als Tochter Ihres älteren Bruders, daß Sie mich anhören.«

Dem Brief legte sie ihren Taufschein bei. Der Onkel antwortete umgehend. Er wisse zwar erst seit kurzem von ihrer Existenz, müsse sie aber darauf hinweisen, daß die kirchlich vollzogene Trauung seines Bruders nach spanischem Recht keine Gültigkeit und sie deshalb auch keinen Erbanspruch habe. Das Papier sei auch nicht gesetzeskonform von drei Notaren beglaubigt. Allerdings wünsche seine Mutter, der Enkelin eine größere Summe bar auszubezahlen.

Floras Entschluß stand fest: Jetzt war der Moment da, wo sie persönlich bei der Verwandtschaft vorsprechen mußte. Das bedeutete eine Reise nach Peru – und zwar allein und unabhängig, ohne Erwähnung ihrer Heirat und ohne störende Kinder.

Politischer Hexenkessel

Eine Fahrt nach Peru mitten ins Durcheinander der Unabhängigkeitskriege: Aus Pariser Sicht konnte die resolute Expeditionsplanerin nicht wissen, was ihr bevorstand. Die französischen Zeitungen jener Zeit kümmerten sich wenig um Streit und Zank in den fernen iberischen Kolonien, um fortwährende Irritationen und das rasch drehende Karussell wechselnder Loyalitäten. Flora rechnete weder mit Krieg noch sonstigen politischen Barrieren, sie wollte einzig ihr Geld und einen festen Platz in der berühmten Familie des Vaters. Nur deshalb wagte sie den Sprung über den Atlantik, den Streifzug ins Ungewisse. Sie verzichtete auf die Mühe, sich zur Vorbereitung der Reise vorsorglich mit dem Zickzackkurs der napoleonischen Feldzüge vertraut zu machen als bestimmendem Hintergrund der aktuellen Lage in Peru. Ganz anders als die gewissenhafte Maria Graham war Flora an historischen Zusammenhängen stets nur soweit interessiert, als sie ins Muster ihrer meist intuitiv entworfenen Gedankengänge paßten.

Ihre Teilnahme an den Revolutionswirren in Peru jedoch dokumentierte sie in einem gepfefferten, ihre ganze Verwandtschaft sowie die koloniale Gesellschaft demontierenden Bericht. Diese Publikation schuf den Grundstein ihres politischen Ruhms.

IMMER WIEDER NAPOLEON

Den Anstoß zur Loslösung Südamerikas von den Eroberern gab Napoleon. Wäre der Feldherr Spanien und Portugal nicht zu Leibe gerückt, hätten die Regenten oder Vizekönige in den lateinamerikanischen Kolonien viel länger noch ungestört in abgeschiedener Zufriedenheit weiterwursteln können. Maria Grahams und Flora Tristans Abenteuer in Chile, Peru und Brasilien sind ohne napoleonische Winkelzüge nicht denkbar. Ein rascher Blick zurück auf Bonapartes Strategien erleichtert zudem die Deutung heute noch vielerorts schwelender Brandherde auf dem südamerikanischen Kontinent.

Jedoch: Der Wirrwarr ist beträchtlich, ein roter Faden nur mühsam aufzuspulen, denn die Querelen unter Monarchen, Generälen, Rebellen und Söldnern hüben und drüben des Ozeans sind nur mühsam zu entflechten.

Maria Graham setzt zweckgemäß einen historischen Überblick an den Anfang ihrer Aufzeichnungen und beginnt bereits mit dem Jahr 1499, als die Portugiesen Brasilien entdeckten. Zu Recht schreibt sie, daß ihr Text für Leser ohne Geschichtskenntnisse ungenießbar sei.

Hier aber würde sogar ein Eilmarsch durch mehrere Jahrhunderte Kolonialgeschichte eindeutig den Rahmen sprengen. Somit finden sich einzig Ereignisse ins Visier gerückt, die das Verständnis der südamerikanischen Erlebnisse Grahams und Tristans erleichtern.

Besonderes Augenmerk verlangt Napoleons Regie des Geschehens. Ein erster Paukenschlag in seiner südeuropäischen Eroberungskampagne ist die geschickt in Szene gesetzte Übertölpelung der Spanier.

BOURBONISCHER FAULPELZ – DREISTER GÜNSTLING

Den Reigen der Protagonisten im Trauerspiel führte der spanische König Karl der Vierte an (1788–1808), ein gutmütiger, wenngleich energieloser bourbonischer Faulpelz. Die Frau Gemahlin, Königin Luisa, riet ihm, sich doch lieber auf der Jagd zu vergnügen statt mit Staatsgeschäften zu quälen. Sie selbst erkor sich einen Gardisten, Manuel de Godoy, zum Liebhaber und Vater ihrer jüngeren Kinder. Der dominierte in kurzer Zeit die Politik und war mitverantwortlich, daß das Land 1796 durch Unterwerfung zum Spielzeug Napoleons wurde. Der erzwungene, »Bündnis« geheißene Pakt rief unverzüglich England auf den Plan. Die Briten zerstörten ein Jahr später Spaniens Flotte, errichteten bei Cádiz eine Seeblockade und sperrten den Handel des Mutterlands mit seinen Kolonien.

Nicht nur Frankreichs Todfeind England, sondern auch Bonaparte selbst setzte seinem spanischen Zwangspartner hart zu. Seit 1802 nämlich forderte er vom Hof die Zahlung beträchtlicher Summen in die Kriegskasse. Ausgelaugt durch hohe Steuern, erbost über die Günstlingswirtschaft und voller Haß auf die allgegenwärtige französische Soldateska, lehnten sich die Bürger auf. Sie erinnerten sich, daß irgendwo versteckt und durch die Kamarilla vom Hof ferngehalten der älteste Sohn des Herrscherpaars, Ferdinand, sein Dasein fristete. In Aranjuez, dem Sitz des Königs, versammelten sich im März 1808 Bauern, Handwerker, einige Aristokraten sowie eine Handvoll Priester und probten den Aufstand. Sie zwangen den König abzudanken, den Favoriten seiner Frau auf die Straße zu werfen und den Sohn Ferdinand auf dem Thron zu installieren.

BONAPARTES IBERISCHE SCHACHZÜGE

Ohne Rücksicht auf die politisch brenzlige Situation traf Napoleon zwei Entscheidungen, die für Spanien und Portugal fatale Folgen haben sollten.

Als erstes wollte Frankreichs Kaiser Portugals Regierung zwingen, seinem Widersacher England den Krieg zu erklären. Keine britischen Handelsschiffe sollten künftig portugiesische Häfen anlaufen dürfen. Portugals König lehnte ab. Daraufhin marschierten französische Truppen quer durch Spanien und besetzten am 30. November 1807 Lissabon. Napoleon hatte die Rechnung aber ohne den Wirt gemacht, das heißt ohne Portugals Herrscher, der ihm ein Schnippchen schlug: Wenige Tage zuvor nämlich war der ganze Hofstaat inklusive Staatsschatz, Verwaltungsbehörde, Militär und Klerus – insgesamt fünfzehntausend Leute – in die brasilianische Kolonie geflüchtet. Rio de Janeiro wurde kurz entschlossen zur Hauptstadt Portugals erklärt und blieb es während der nächsten vierzehn Jahre.

Napoleons zweites Manöver zielte auf den charakterlich schwachen, gerade eben inthronisierten Ferdinand von Spanien. Dieser galt zwar als feige, aber machthungrig und war deshalb dem Franzosen ein Dorn im Auge. Nach wenigen Tagen im Amt wurde der Vierundzwanzigjährige bedenkenlos wieder abgesetzt. Napoleon verfrachtete ihn nach Frankreich in die Gefangenschaft und hievte an seiner Stelle den eigenen Bruder Joseph auf den Thron, von den Spaniern als *el rey intruso* verachtet.

Einen Bonaparte konnte das Volk aber niemals als seinen Repräsentanten akzeptieren und verweigerte Joseph den Gehorsam. Die Bürger begehrten auf und ernannten in Abwesenheit ihres rechtmäßigen Königs Provinzregierungsausschüsse *(Juntas)* sowie eine Zentraljunta. Schließlich wurde sogar ein Parlament *(Cortes)* gewählt. Die Abgeordneten betrachteten sich zwar immer noch als

Vertreter des gefangenen Ferdinand, setzten aber dennoch 1812 die erste fortschrittliche Verfassung Europas in Kraft: Feudalrechte und Folter wurden abgeschafft, Wahlrecht, Religions-, Presse- und Versammlungsfreiheit gewährleistet. Spanien wurde zur konstitutionellen Monarchie erklärt – freilich ohne Zustimmung des fern in Frankreich gefangenen Monarchen. Weit über Spaniens Grenzen hinaus zündete diese revolutionäre Tat.

Von nun an waren alle Spanier gleichberechtigt, ob europäischer oder südamerikanisch-kreolischer Herkunft. Vertreter aller lateinamerikanischen Kolonien sollten künftig – dem Mutterland gleichgestellt – im Parlament ihre Stimme haben. Noch nie waren Südamerikaner bisher nach Spanien gerufen worden, um mitzureden. Liberal Gesinnte in Peru, Chile, Argentinien, Venezuela usw. forderten nun ihrerseits landeseigene Volksvertretungen, um den Wünschen nach mehr Unabhängigkeit vom Mutterland auch intern Gewicht zu verleihen.

Der Aufbruch erwies sich sehr bald als Illusion.

LATEINAMERIKANISCHES CHAOS ALS METHODE
Spätestens nach Napoleons Sturz wurde klar, daß Spaniens Kolonien kaum vorbereitet waren für demokratische Ideen. Zu lange hatten Vizekönige oder Gouverneure mit Hilfe ihrer Armeen und der Kirche für Ordnung gesorgt. Die liberale spanische Verfassung zeigte jenseits des Atlantiks wenig Wirkung, konnte den Bruch mit der Vergangenheit nicht erzwingen. Die Hoffnung Südamerikas auf rasche Loslösung oder zumindest Mitspracherecht im Mutterland erwies sich als trügerisch. Vollends ausweglos wurde die Lage, als Ferdinand 1814 aus Frankreich zurückkehrte und die neue Ordnung sogleich für null und nichtig erklärte. Für die konservativen Kräfte, allen voran den Klerus, schlug die Stunde der Rache. Inquisition und Folter waren ab sofort wieder rechtens.

Gleichheit der Bürger Spaniens und Lateinamerikas lehnte Ferdinand kategorisch ab. Er stützte sich aufs Militär, auf seine Generäle und setzte sämtliche Reformen des Parlaments außer Kraft. In den Kolonien ließ er gegen Aufständische hart durchgreifen, ohne zu ahnen, daß der Wunsch nach Unabhängigkeit dort vielerorts bereits so ausgeprägt war, daß die erneute spanische Strenge blutige Revolutionen nach sich ziehen würde.
Truppen kosten Geld, rasch war des Königs Kasse leer, die Soldaten blieben ohne Sold. Wegen ausstehender Gehälter revoltierte 1820 eine ganze Heereseinheit in Cádiz kurz vor der Einschiffung in die Kolonien. Ihr rebellischer Anführer, Major Rafael Riego, verweigerte dem König den Gehorsam. Sein Widerstand war der Anstoß dafür, daß Ferdinand schließlich zur Verfassung des Parlaments und zur konstitutionellen Monarchie zurückkehren mußte.

Diese innenpolitische Wende brachte dem spanischen Teil Lateinamerikas aber nicht etwa mehr Freiheit, sondern im Gegenteil: Konfusion und Unordnung von Nord bis Süd. Teile der reichen kolonialen Eliten trauerten der absolutistischen Herrschaft nach, weil sie den Schutz gegen verhaßte Neuerungen garantiert hatte. Andere erhofften sich die Unabhängigkeit. Viele der größeren Städte zum Beispiel in den heutigen Staaten Chile, Peru, Kolumbien, Venezuela glichen oft Heerlagern. Jeder kämpfte gegen jeden. Viele Unentschlossene wechselten in kurzen Abständen die Seiten – je nachdem, bei wem sie ihre Pfründen besser geschützt wähnten. Wer gestern Royalist war, verbündete sich heute mit den Aufständischen und umgekehrt. Das eine Mal revoltierten die Großgrundbesitzer gegen die Rebellen, kurz darauf folgten sie den Umstürzlern gegen Restbestände königlich-spanischer Truppen. Wechselnde Verstärkung fanden die einzelnen Parteien durch Indios oder schwarze Sklaven. Präsidenten wurden von Generälen abgelöst, auf Diktatoren folgten Liberale. Noch im Jahr

1833 erlebte Flora Tristan blutige Gefechte in Arequipa, die einzig von besinnungsloser Machtgier sich befehdender Gruppierungen zeugten. »Es gibt in diesen Ländern keine Präsidenten, deren Rechtsansprüche nicht sehr zweifelhaft wären«, schreibt sie.

Wer dann schließlich – meist kurzfristig – Sieger blieb, verdankte den Triumph Intrigen, Bestechungen oder auch gedungenen Mördern. Heutzutage sind als zusätzliche Kampfeinheiten noch die Organisationen der Guerillas sowie die Drogenkartelle im politischen Dschungel aktiv. Geändert hat sich seit Grahams und Tristans Zeit nicht viel.

Ferdinand hat Lateinamerikas Eigenständigkeit nicht mehr erlebt. Er starb 1833. Mexiko wurde 1836 von Spanien als erster unabhängiger südamerikanischer Staat diplomatisch anerkannt, gefolgt 1840 von Ecuador und 1844 von Chile. Das Schlußlicht, 1895, ist Honduras.

BRASILIEN SCHERT AUS
Einen Sonderweg ging Brasilien nach dem geschickt inszenierten Entkommen des portugiesischen Establishments vor Napoleons Truppen. Maria Grahams verschlungene Fahrten von Brasilien nach Chile und wieder zurück an den Kaiserhof in Rio folgten zum Teil den absonderlichen Fluchtwegen des portugiesischen Herrscherhauses.

Vierzehn Jahre lang – bis 1821 – regierte König Johann der Sechste Portugal von Rio aus, bis er sich entschloß, in die Heimat zurückzusegeln und an Ort und Stelle wieder nach dem Rechten zu sehen. Seinen Sohn, Don Pedro, ließ er als Gouverneur und Prinzregenten in der Kolonie zurück.

Kaum in Lissabon gelandet, wurde der König von den *Cortes* gedrängt, die mühsam aufgebaute Einheit von Kolonie und Mutterland wieder aufzuheben, den Sohn zurückzubefehlen, Brasilien von Portugal zu trennen und als Überseebesitz von Europa aus zu befehligen. Das aber wollte der volkstümliche junge Prinzregent in Rio um keinen Preis. Er ließ sich dort 1822 zum Kaiser der »konstitutionellen Monarchie Brasilien« krönen und erklärte im selben Jahr noch die Unabhängigkeit seines Staates vom Mutterland – eine Neuerung, der natürlich auch hier blutig ausgetragene Streitereien vorausgegangen waren und folgten. Maria Graham, die ein Jahr vor der Krönung Don Pedros in Brasilien ankam, erzählt, wie sie sich in der Provinz Pernambuco hinter den Kampflinien mit Rebellen traf und schildert in bildstarken Szenen, wer die Kontrahenten waren und wie sie agierten. Ganz überraschend – als Folge einer Liebesgeschichte – wurde die Schottin später unversehens zur Beraterin, ja sogar Freundin der brasilianischen Kaiserin, einer gebürtigen Erzherzogin Leopoldine, Tochter des österreichischen Kaisers Franz: europäisches Adelsgestrüpp transatlantisch wuchernd.

1825 anerkannte schließlich auch Portugal die Souveränität Brasiliens. Bis die »Vereinigten Staaten von Brasilien« jedoch zur Republik wurden, dauerte es noch weitere vierundsechzig Jahre.

Graham segelt auf Kriegsfregatte

Nach Captain Grahams unfreiwilligen Jahren als Landratte, einer Zeitspanne, die Maria – außer der römischen Eskapade – in ihren Berichten und Tagebüchern unerwähnt läßt, wurde ihm im Februar 1821 endlich wieder ein Schiff anvertraut, die 42-Kanonen-Fregatte *Doris*. Das Kriegsboot hatte den Befehl, während der südamerikanischen Turbulenzen in den Küstenzonen englische Bürger und Handelsinteressen zu schützen. Maria bekam die Aufgabe zugeteilt, das Schiff mit allem Nötigen auszustaffieren: »Es ist keine Sinekure heutzutage, die Ehefrau eines Kapitäns zu sein. Mein Kopf wirbelt von Gänsen, Enten, Hühnern. Bis zu den Ohren stecke ich in Gepökeltem.« Außerdem war sie für die Bibliothek zuständig, denn sie amtierte auch als Lehrerin für die dreizehn Schiffsjungen, Lehrlinge für den Offiziersberuf im Alter zwischen zwölf und fünfzehn.

Die *Doris* lichtete am 11. August den Anker und segelte Richtung Madeira. Auf Schiffen fühlte sich Maria in ihrem Element. Dem Tagebuch setzt sie Byrons Satz voran: »Und wieder auf dem Wasser. Und wieder die Wellen unter mir wie ein Roß, das seinen Reiter kennt.«

Die ersten Wochen hatte sie mit der Schiffsjungenbande vollauf zu tun. Sie pflegte Seekranke, spendete Trost bei Angst und Heimweh, unterrichtete griechische, römische, französische und englische Geschichte, Mathematik, Astronomie, Literatur, Geographie als Ergänzung zur technischen Ausbildung. Die künftigen Offiziere sollten die Welt verstehen lernen. Bei Landgängen erläuterte sie seltene Pflanzen, die Architektur, die Landwirtschaft und lehrte ihre Schützlinge Achtung vor unvertrauten Sitten. So führte sie ihre Schüler in Teneriffa zum Platz, wo der alte Hauptort der Guanchen gestanden hatte, und zeigte ihnen Nachfahren der heiligen Ziegen der Guanchen-Könige, die hier immer noch verehrt wurden.

Am 18. September segelte die *Doris* über den Äquator, die meisten Passagiere kreuzten die Linie zum ersten Mal. Die junge Besatzung inszenierte ein Schauspiel mit wasser- und tangtriefendem Neptun in der Hauptrolle samt Begleitung in wildem Aufzug, umtanzt von einer Schar Seepferdchen, Delphinen und sonstigem Meergetier. Feierlich wurden die Namen der Neulinge vorgetragen mit der Bitte an den Meeresgott, sie sicher zum Ziel zu bringen. »Ich fühlte mich viele Jahrhunderte zurückversetzt«, schreibt Maria, »in die Zeit, als diese Götter noch Religion waren.«

BELAGERUNG IN RECIFE

Bei Sturm und meterhohen Wellen näherte sich der Segler der nordbrasilianischen Küste, und zwar »genau dort, wo die ersten Portugiesen gelandet waren«, stellte die Kapitänsfrau befriedigt fest. Das Schiff fuhr zum Hafen von Olinda, aber trotz mehreren Salutschüssen war weit und breit kein Lotse in Sicht. Endlich anderntags zeigte sich zögernd ein portugiesischer Offizier und wies den Kapitän zu seinem Ankerplatz.

Der Teufel war los in der Provinz Pernambuco. Seit Wochen schon belagerten die Unabhängigkeitskämpfer – hier Patrioten geheißen – die Städte Olinda und Recife. An die mehr zufällig als absichtlich verbliebenen Stadtbewohner, alle arm und ohne Möglichkeit zur Flucht, ließ die Regierung Waffen verteilen. Mit geschulterten Gewehren zogen sie in den seltsamsten Verkleidungen durch die Straßen – natürlich stets auf dem Sprung, sich zu den Rebellen abzusetzen.

Kopflos versteckte sich die europäische Oberschicht mitsamt ihren Schätzen – Gold, Silber und Juwelen – in den Häusern englischer Handelsleute. Der Gouverneur hatte angeordnet, daß einzig die Anwesen der Wohlhabenden sowie der Ausländer verteidigt werden sollten. Befremdet stellte Maria fest, daß auch einige hundert Indios in der Garnison Dienst leisten mußten:

>Sie sind mit Schleudern, Pfeilen und Bogen bewaffnet. Uns wurde gesagt, daß ihre Vorstellungen von einer guten Regierung den unbedingten Gehorsam der Untertanen gegenüber den Anordnungen des Königs und der Priester einschließt. Brandy ist dabei das allgegenwärtige Erpressungsmittel. Für Brandy tun sie alles. Alkohol und täglich eine Handvoll Maniokmehl reichen aus, daß sie sich als Soldaten verpflichten und für Portugals König töten lassen.

An jeder Straßenkreuzung standen Kanonen. Abends wagte Maria einen Ritt durch die leeren Gassen: »Ich weiß nicht, ob mich die lange Entbehrung eines Pferdes oder die Süße und Frische der Dämmerung nach der Schwüle eines Tropentags verzauberten. Nie aber habe ich eine Stunde derart genossen.«

Der Markt war leer, nichts zu kaufen. Die Rebellen hatten Blockaden errichtet. Rudel von Schweinen und Hunden durchschnüffelten den Dreck. Die Menschen hungerten. Nicht so der königstreue Gouverneur, bei dem die Grahams zum Dîner ins Landhaus geladen waren. »Es gab halb portugiesisches, halb französisches Essen: gekochtes Rind, Scheiben fetten Schweinefleisches, Reis mit Kräutern, triefend von Öl. Dann folgte zu unseren Ehren halbrohes Roastbeef garniert mit Salaten, verschiedene Fische, fremdartig zubereitet, Geflügel auf französische Art.« Die Nachspeise wurde am prächtig gedeckten Nebentisch serviert: Außer den bekannten europäischen Desserts wie Früchten, Kuchen und Wein standen da Puddings, Pasteten und Torten – alles mit Blumen und süßen Pflaumen dekoriert. Der Gouverneur und seine Gäste sprachen Toasts aus: auf den König von Portugal, den König von England, auf die englische Marine, den König von Frankreich, die Regierung von Pernambuco.

»Nach aufgehobener Tafel begaben wir uns in den Salon, der hübsch mit blauem Damast ausgeschlagen war. Wir genossen gute Musik. Alles in allem ein glänzender Abend, wie ich ihn hier nicht erwartet hatte – vor allem jetzt während der Belagerung.«

HÜBEN UND DRÜBEN DER KAMPFLINIEN
Der Grund, weshalb Maria Graham später mitten im Hauptquartier der Rebellen landete, war reichlich seltsam: Die Schiffswäsche war zum Waschen ins Hinterland gebracht worden. Inzwischen hielten die Freischärler jedoch das ganze Gebiet besetzt und wollten den Engländern ihr Leinenzeug nicht wieder herausgeben. Trotz Widerstand ihres Mannes war Maria nicht davon abzuhalten, persönlich mit einer Delegation in die Gefahrenzone zu reiten und den Besitz zurückzufordern: »Ich habe noch nie in meinem Leben eine Belagerung durchbrochen, also muß ich diese wohl einmalige Gelegenheit jetzt nutzen.«

Eine Vierergruppe zog los. Ein paar Meilen hinter der Stadt der erste Rebellenposten: Die Briten sahen sich am Fuß eines sandigen Hügels einer Truppe von etwa vierzig Reitern gegenüber, einige in bunten Uniformen, andere in zerrissenen Hemden und Hosen. Auf der Hügelkuppe entdeckten sie weitere hundert Mann. Zwei Soldaten eskortierten die englische Deputation zur Befehlszentrale. »Wir erblickten jede Menge Waffen – Donnerbüchsen oder Vogelflinten, Stöcke, Steinschleudern, Schwerter, Pistolen – und Gesichter in allen Farbschattierungen, von kreideweiß bis ebenholzschwarz.«

Das Hauptquartier erwies sich als altes Landhaus, im Hof standen dichtgedrängt Pferde und Leute. Ausgespart war eine Ecke, wo Verwundete lagen, deren Wimmern sich gespenstisch mit dem lauten, fröhlichen Geschwätz der Kämpfer vermischte. Ein smarter kleiner Mann, der leidlich Französisch sprach, erklärte Maria, die »Regierung« wolle sie treffen:

Ich glaubte erst, mich verhört zu haben – welche Regierung denn? –, stieg aber ab und ging mit ihm ins Haus.
Auf der Treppe kam ich kaum durch, tatsächlich tagte hier die provisorische Junta. Am Ende eines schmutzigen, rechteckigen Raums, der mit seinen goldverzierten Fensterleisten einst bessere Zeiten gesehen hatte, wurde ich auf ein großes, schwarzes Sofa gesetzt, im Halbkreis um mich herum nahmen auf hochlehnigen Stühlen die Ratsmitglieder Platz.

Maria erfuhr die Umrisse der aktuellen Situation. Ihr wurde gesagt, daß die Verbindung mit Portugal endgültig der Vergangenheit angehören müsse und die Rechtsprechung des Mutterlands mit ihren Diskriminierungen hier nicht mehr tragbar sei; daß das Volk Hunger leide und überhaupt die blasierten Europäer keine Ahnung hätten vom Leben hier in Brasilien. Schließlich wollten die *Junta*-Mitglieder wissen, ob England wohl die Unabhängigkeit unterstützen oder dagegen kämpfen werde. Maria war nun nicht mehr ganz geheuer im Revolutionsrat. Sie wollte so schnell es ging zum Schiff zurück. Die Rückgabe der Wäsche wurde ihr zu vorgerückter Stunde endlich versprochen, ebenso ein paar Stück Vieh zu günstigem Preis – trotz Blockade. Ein riesiger Weinhumpen, aus dem alle trinken mußten, machte zur Besiegelung der Übereinkunft die Runde. Als die Engländer, beladen mit Vorräten, nach längerem Warten endlich draußen standen, spielte eine Militärkapelle die Revolutionshymne. Ernst und barhäuptig hörten die Rebellen zu. »Inmitten wildentschlossener Gesichter bestiegen wir unsere Pferde und ritten durch die liebliche Landschaft, als eben die Sonne unterging und die obersten Äste der prächtigen Bäume vergoldete.«

BAHIA UND RIO

Kaum einigten sich in der Region Pernambuco die portugiesischen mit den patriotischen Streitkräften auf einen Waffenstillstand, segelte die *Doris* – ihrer Schutzfunktion dort ledig – weiter Richtung Bahia, wo der englische Konsul mitsamt seinen achtzehn Landsleuten das Kriegsschiff schon ängstlich am Pier erwartete.

Maria war mit den ersten an Land:

Die Gassen der unteren Stadt jenseits des Hafentors sind das Dreckigste, was ich in meinem Leben gesehen habe. Vor den zerfallenden Häusern stehen die Arbeitsbänke der Handwerker. Zwischen ihnen drängen sich Händler mit Früchten, Blutwürsten, gebratenen Fischen, Öl- und Zuckerkuchen. Schwarze sitzen herum und flechten Hüte oder Matten. Träger von Stühlen – zu Sänften umfunktioniert – zwängen sich durch die Menge. Hunde, Hühner, Schweine allerorten, und mitten durch die Straße läuft die übervolle Abflußrinne. Die Kloake nimmt auf, was aus Fenstern und Türen ausgegossen und weggeworfen wird. Es gibt ein paar Kirchen hier, eine davon gehört zu einem Kloster und ist außen sehr hübsch, der Gestank im Innern aber kaum auszuhalten. Unter den steinernen Bodenplatten befinden sich holzausgekleidete Vertiefungen, in die man die nackten Leichen wirft. Ist ein solcher Kasten voll, wird ungelöschter Kalk über die Toten geworfen und der nächste benützt.

Auch in Bahia war Krieg. Die städtische *Junta*, hier ausnahmsweise eine Koalition von portugaltreuen und rebellisch gesinnten Abgeordneten, wurde von kompromißlos freiheitlich-brasilianischen Truppen bedrängt. Alle Teile bekriegten sich in Straßenschlachten, überall lagen Tote und Verletzte. Die ansässigen Briten flüchteten mit ihrem Hab und Gut auf Grahams Fregatte und sahen sich die Kämpfe aus sicherer Distanz vom Meer her an. Meist dauerte der Aufenthalt auf dem geschützten Deck mehrere Tage, bis sich die Lage wieder beruhigt hatte und sie in ihre Häuser zurückkehren konnten. Erwies sich die Situation erneut als brenzlig, erschienen sie wieder auf dem Schiff. Maria lernte abwägen und kam zur Einsicht, daß politische Änderungen jetzt wohl unvermeidlich seien. »Es geht nicht an«, schreibt sie, »daß wichtige Entscheidungen weit weg in Lissabon getroffen werden. Brasilien ist so reich, daß es sich selbst regieren muß – oder es bricht landesweit ein langer, blutiger Bürgerkrieg aus.«

Drei Monate lang kreuzte die *Doris* vor Brasiliens unruhiger Küste und ankerte Mitte Dezember 1821 schließlich in der Bucht von Rio. Maria war fasziniert von der Stadt:

Nichts ist mit der Schönheit dieser Landschaft zu vergleichen. Nicht Neapel, Bombay oder Trincomalee in Ceylon. Hohe Berge, starre Felsen ragen aus dem Meer und gleichen pflanzenumwucherten Säulen, üppige Wälder überall und helle, blumige Inseln, dazwischen hingetupft weiße Gebäude. Viele Schiffe liegen vor Anker oder ziehen gemächlich der Küste entlang, zahllose Boote flitzen hin und her. All dies zusammen macht Rio zur schönsten Szenerie, die sich die Phantasie ausmalen kann.

In Rio rechneten die Grahams mit längerem Aufenthalt und mieteten sich ein Haus. Maria hoffte, daß ihr seit Wochen schon kränkelnder Mann endlich Erholung finde. Auch sie selbst – seit der Kindheit von Tuberkulose geplagt, die in letzter Zeit erneut zu quälenden Beschwerden führte – möchte sich ausruhen. Sie lernte eifrig Portugiesisch, ritt, machte Teebesuche bei exilierten napoleonischen Generälen, die hier auf schattigen Veranden ihren Lebensabend genossen. Und dann traf plötzlich am 9. Januar 1822 aus Portugal unvermutet der Befehl ein, der Prinz und Gouverneur Don Pedro habe sich unverzüglich bei seinem Vater in Lissabon einzufinden: »Diese Botschaft verärgerte nicht nur Seine Majestät, den Prinzen, sondern alle Brasilianer von einer Ecke des Reichs zur anderen. Sie fürchten, daß das Land nach vierzehn Jahren wieder zur abhängigen Kolonie werden könnte, statt wie bisher mit dem Mutterland gleiche Rechte und Privilegien zu teilen.«

Don Pedro leistete Widerstand, beschloß zu bleiben. In der Stadt herrschte Alarmstimmung. Die Engländer in Rio drängten Captain Graham, das Landleben unverzüglich aufzugeben und aufs schützende Schiff zurückzukehren. Maria spottet über britischen Kleinmut und Borniertheit:

Mit begrenztem Geist, der häufig genug als Diplomatie getarnt daherkommt, reden sie um den heißen Brei herum, statt offen und ehrlich zu sagen:»Wir haben Angst, also halten

Sie sich gefälligst auf der Fregatte bereit, um uns abzuschirmen.« Statt dessen teilen sie uns arglistig mit: »Sie allein sind verantwortlich, wenn uns hier etwas geschieht.« Ich darf gar nicht an ihre späteren offiziellen Rapporte denken, endlose Papiere mit schweren Siegeln dran und kein mutiges, ehrliches Wort drin. Nichts als Gesäusel, das mir absurd vorkommt, weil alle diese Spießbürger nur Argwohn und Zank säen, wo Gelassenheit Pflicht wäre.

Marias Zorn bestätigt frühere schlechte Erfahrungen Grahams mit dem englischen Krämergeist. Anscheinend wurden in Londons Regierungskreisen die Klagen britischer Handelsleute höher eingestuft als sachliche Meldungen von Marinekapitänen.

Gefahr aber war tatsächlich im Verzug, Gelassenheit notwendiger denn je. Königstreue portugiesische Offiziere planten nämlich, den Prinzen mit Gewalt auf ein Schiff zu zerren und nach Lissabon zu bringen. Der Kommandant der Truppen jedoch schreckte vor der Tat zurück und ersuchte umgehend um seine Entlassung. Ein Hartgesottener sollte ihm nachfolgen. Dem Neuen widersetzten sich wiederum die portugiesischen Soldaten und drohten mit Meuterei. Sie waren zudem ungehalten, weil für den beliebten Dienst in der Prinzengarde ausschließlich in Brasilien geborenes Militär erwünscht war und Leute aus Europa keinen Zutritt hatten. Der Streit eskalierte.

Am Abend des 12. Januar besuchte Don Pedro mit seiner habsburgischen Gemahlin die Oper. Während der Aufführung wurde er aus seiner Loge geholt und informiert, daß eine Soldateska aus dem Mutterland die Straßen besetzt halte, Scheiben zertrümmere, Geschäfte plündere, Passanten bedrohe. Rasch brach im Opernhaus Tumult aus. Der Prinz kehrte in die Loge zurück, nahm seine hochschwangere Frau beim Arm und stellte sich vor dem Eingang dem Volk. Er versicherte der Menge draußen, daß er der Situation gewachsen sei. »Diese Kaltblütigkeit bewahrte die Stadt vor Konfusion und Elend«, bemerkt Maria. Waren Monarchen im Spiel, konnte die Britin ihre Bewunderung nie ganz verbergen.

Schon kurze Zeit später rotteten sich erneut siebenhundert europäische Portugiesen zusammen und drohten, die Stadt zu schleifen. Viertausend Don Pedro ergebene Brasilianer stellten sich ihnen entgegen, unorganisiert zwar und militärisch kaum ausgebildet, aber bereit zu kämpfen. Die Konfrontation blieb aus. Don Pedro befahl als Notmaßnahme, daß alles portugiesische Militär sofort und endgültig abziehen müsse. Im Moment war die Gefahr gebannt. Maria äußert sich befriedigt über den Ausgang: »Portugals Soldaten waren stets äußerst brutal gegenüber Schwarzen und Brasilianern. Ihre Arroganz ist sprichwörtlich.«

Die Grahams beschlossen, zur Feier der Waffenruhe auf dem Schiff einen Ball zu geben. Ein zweiter Grund, die edle Gesellschaft aus Rio zu versammeln, war Vorsicht im Hinblick auf mögliche neue Unruhen: »Falls das Ganze wieder losgehen sollte, wissen die Bedrohten wenigstens, wem sie ihre Juwelen anvertrauen.« Das Fest wurde zum gesellschaftlichen Ereignis, zum Tanz spielte das Opernorchester auf. Die Kapitänsfrau kommentiert:

Ein Ball auf Deck ist immer sehr pittoresk. Der Kontrast zwischen der Ausstattung eines Kriegsschiffs und den geschmückten Damen und Herren gefällt mir. Die kleine Kriegswelt bleibt ihnen verborgen, die Kanonen sind mit Blumen geschmückt, die über den Köpfen der Mädchen und ihrer lächelnden Partner leuchten.

KÄLTE, HAGEL, TOD

Anfang März 1822 segelten die Grahams weiter nach Süden: Richtung Kap Hoorn und Valparaíso. Maria erhoffte sich vom kühleren Wetter Besserung für den Captain, der nun ernstlich erkrankt war: »Seit einer halben Woche war ich nicht im Bett. Tag und Nacht wachte ich bei meinem Patienten. Er kann sich jetzt nicht einmal mehr an Deck schleppen.« Nicht als Wohltat, sondern quälend erwies sich der plötzliche Temperatursturz draußen. Das Schiff wurde mitten im wütenden Unwetter von heftigen Böen geschüttelt. In der Kabine heizte Maria den gußeisernen Ofen. Trotz grauem, eisigem Himmel freute sie sich über die Albatrosse und Sturmvögel, die den Segler begleiteten.

Irgendwie empfinde ich es als Herausforderung und Vergnügen, mich gegen die angeblich unbezwingbaren Wellen zu stemmen und mit den Elementen zu ringen. Ein Dichter, ich weiß nicht mehr welcher, sagte, daß das Erhabene und das Lächerliche dicht aneinander grenzen. Ich bin mir ganz sicher, daß auf dem Meer beides ineinander übergeht. Vor den Luken sehe ich die Macht des brüllenden Ozeans, und der Mensch in all seiner Würde besiegt das Wasser mit Kopf und Körperkraft. Drinnen in der Kabine hingegen, meinem kleinen Zuhause, bewirkt jeder Stoß ein unglaubliches Durcheinander: Der Frühstückstisch fällt aus der Halterung und stürzt ins Kohlebecken, die Kohle rollt auf den Boden, Tintenfässer leeren aus, Schiefertafeln zerbrechen, Bücher fliegen herum. Grund genug, so richtig über die Unordnung zu lachen.

Je weiter südlich der Kurs, desto frostiger die Luft. Es schneite und hagelte durcheinander, in jeder Segelfalte bildeten sich Eiskrusten, und auch die Masten waren von Eis umschlossen. Die Matrosen brachen sich Rippen und Finger, Maria nähte ihnen dick gefütterte Schutzwesten und Handschuhe. Seit Tagen zeigte sich die Sonne nicht mehr. Draußen der Sturm, auf dem Schiff die erschöpfte Besatzung, in der Kajüte Marias schwerkranker Mann. Trotz aussichtsloser Lage findet sie noch Grund, sich zu freuen »an der zarten Schönheit des schneeweißen Gefieders der Eissturmvögel«. Nach fast einem Monat ruheloser Fahrt wurde der Zustand des Kapitäns kritisch. Maria pflegte den Sterbenden mit allen Kräften, die letzten sechs Tage ohne Schlaf, hin und her gerissen zwischen Hoffnung und Angst. Unentwegt tobten die Südwestwinde, es war stockfinster, auch tagsüber. Ihr Eintrag am Todestag ist kurz: »So furchtbar das alles war, so hatte ich doch den Trost, daß kein Fremder ihm die Augen schloß und das Kissen glatt strich.« Rückblickend stellte sie erstaunt fest, daß sie sogar während der Zeit schweren Leidens noch die Kraft fand, ihr Tagebuch weiterzuführen, verweigerte aber die Publikation dieses persönlichsten Abschnitts und gestattete später lediglich die Veröffentlichung des folgenden Vermerks:

In der Nacht des neunten April zog ich mich aus und ging zum ersten Mal seit der Wegfahrt von Rio normal zu Bett. Alles war nun vorbei. Ich schlief lange und ruhte mich aus. Und ich wachte auf im Wissen, daß ich nun Witwe war, unbeschützt und mutterseelenallein, zwischen mir und den Meinen der halbe Erdball.

Tristan hält Hof an Bord einer Brigg

Die meisten Memoirenschreiber warten mit ihren Enthüllungen, bis das Grab ihnen Schutz gewährt vor der Verantwortung für ihre Taten und Worte. Sei es, daß Empfindlichkeit und Eigenliebe sie zurückhielt, von sich selbst zu sprechen, oder die Sorge, sich unbeliebt zu machen, wenn sie über andere reden. Es kann aber auch sein, sie scheuten zu Lebzeiten Vorwürfe oder Dementis. [...] Wenn die Stimme des Gewissens jedoch erstickt wird durch die Furcht, sich Feinde zu machen, dann verfehlt man seine Mission und verleugnet Gott. Ich selbst spreche im Verlauf dieser Erzählung oft von mir. Ich stelle mich freimütig dar in meinen Leiden, meinen Gedanken, meinen Zuneigungen. Sie gehören zu meinem Wesen, das Gott mir gegeben hat, und sie sind auch die Folge meiner Erziehung und der Stellung, die mir Gesetze und Vorurteile zuweisen.

Stolz? Dünkel? Naivität? Die hochtrabenden Sätze, an den Anfang ihres Peru-Berichts gestellt, wirken wie Leitworte für Flora Tristans Leben. Was auf den ersten Blick als Gespreiztheit anmutet, ist Ausdruck ihres ureigensten Durchsetzungswillens und letztlich – wie die späteren Aktivitäten beweisen – auch ihres Sendungsbewußtseins. Sie liebte die pathetische Ausdrucksweise, die sie auch dazu nutzte, unbeirrbar einen Kurs zu steuern, der sie aus der Bedeutungslosigkeit hinausführen sollte.

Im weiteren Vorwort wendet sich Flora direkt an ihre Leserschaft: »Bevor ich mit meiner Erzählung beginne, muß ich meine Lage sowie meine Motive erläutern, die zur Reise führten.« Sie erzählt knapp die Geschichte ihrer Jugend, beklagt die unglückliche Heirat und erwähnt erneut ihr zufälliges Zusammentreffen mit dem Kapitän der Brigg *Mexicain*.

Ungeachtet ihrer drei Kinder entschied sie, sich bei der peruanischen Familie als unverheiratet auszugeben. Ihr Reisekonzept sah keine Kinder vor. Dieser Entschluß ist befremdlich und bestenfalls mit Floras kühner Erwartung raschen Geldgewinns zu erklären. Gleichwohl hätte sie zeitig erkennen können, zu wie vielen Notlügen sie die Täuschung zwingen werde.

Zwischen Plan und Beginn der Expedition lagen drei Jahre. 1833 war sie reisebereit. Auf der Suche nach einem Schiff tauchte sie mit ihrem Gepäck im Hafen von Bordeaux auf und sah sich unvermutet abermals Kapitän Chabrié gegenüber. Seine Brigg lag startklar für die Fahrt nach Lima vor Anker. Flora zögerte natürlich, als ledige und kinderlose *Demoiselle* mit ihm nach Peru zu segeln. Es fand sich aber kein anderes Transportmittel. Nun war sie in größter Verlegenheit, wie sie dem Kapitän ihren Zivilstandsschwindel andrehen sollte, faßte sich aber rasch und bat ihn theatralisch, ganz einfach zu vergessen, daß er sie jemals mit einer Tochter gesehen habe. Sie sprach von einem »entscheidenden Lebensgeheimnis«, das sie vielleicht einmal lüften werde. Der gutmütige Chabrié gab sich zufrieden und stellte keine weiteren Fragen.

Exakt an Floras dreißigstem Geburtstag, am 7. April 1833, stach die Brigg in See. Das Schiff, so berichtet sie, sei recht bequem, der große Aufenthaltsraum im Heck sechzehn Fuß lang und zwölf Fuß breit, daneben liegen vier kleine Abteile für die Passagiere und eine größere Kabine für den Kapitän. Auf Deck versperren Hühnerkäfige und Körbe mit Vorräten den Weg.

Wir waren fünf Fahrgäste: ein alter Spanier, der 1808 noch gegen Napoleon gekämpft hatte, sein Neffe, dann ein Peruaner aus der Sonnenstadt Cuzco mit seinem Vetter. Der Kapitän ist sechsunddreißig Jahre alt, wirkt auf den ersten Blick äußerst gewöhnlich, aber nach wenigen Gesprächsmomenten schon erkennt man einen Mann von sorgfältiger Erziehung.

Die ersten zwei Wochen verbrachte Flora seekrank in einer »langdauernden Starre, ohne jeden Kontakt zu mir selbst. Man muß auf dem Meer gelebt haben, um zu verstehen, welche Kraft im Wort Land! Land! steckt.« Land betrat sie erst wieder in La Praya (heute Praia) auf den Kapverdischen Inseln, einer Wasserauftankstation. Die erste Reiseenttäuschung: Nicht etwa grün präsentiert sich die Hauptinsel, sondern schwarz, kahl, monoton.

Wie schon Maria Graham, hat auch Flora Tristan ein scharfes Auge für Skurrilität:

Am Ende des Boots, das uns Passagiere zum Hafen bringt, sitzt ein kleiner Mann mit riesigem Backenbart, Kraushaar und kupferner Haut – alles Beweise, daß er nicht der kaukasischen Rasse angehört. Sein Anblick ist grotesk: leidgeprüfte Nanking-Hose spätestens aus dem Jahr 1800, weißes Piquégilet, apfelgrüner Gehrock, rotes Halstuch, das auch als Fächer dient, großer Strohhut, einstmals weiße Handschuhe. Gegen die Sonne schützt er sich mit einem blaurosa gestreiften Schirm.

Affektiert zählt der Mann den Reisenden seine Titel auf: Er ist gleichzeitig Hafenchef, Sekretär des Gouverneurs und Händler *en gros* und *en détail*. »Man sieht«, folgert Flora spitz, »daß die Kartellgesetze noch nicht bis an die Küsten Afrikas vorgedrungen sind.« Stolz äußert sie sich über ihr gepflegtes Schiff, dessen Noblesse die Würde der französischen Marine widerspiegele. Kein Vergleich zu den miserablen Schaluppen der Schwarzen oder gar der Amerikaner. Entzückt jedoch ist sie vom amerikanischen Konsul, »der alle Annehmlichkeiten, an denen seine Nation so sehr hängt, auf diese trostlose Insel transportierte«. Der noch junge Mann bewohnt ein großes Haus. Salon und Eßzimmer sind englisch möbliert, die Fensterstores auf der Innenseite mit Hafenszenen aus aller Welt bunt bemalt, der Tisch wirkt vornehm: Delfter Fayencen, Bestecke aus Stahl, glänzend poliert, das Ale wird in großen Fußgläsern, der Porto in kleinen gereicht. Leider keine Servietten, man bedient sich des weißen Tischtuchs. Aufgetischt werden Schinken, Käse, Butter, Kuchen – alles ausnahmslos aus New York importiert.

Keine Gnade hingegen findet eine Französin, die in Praia wohnt:

Sie empfing uns in einem düsteren Raum mit zerbrochenen Fliesen. Und das nennt sie »Salon«! Man merkt sogleich, daß hier Franzosen wohnen: Die Wände sind mit symmetrisch aufgehängten schlechten Stichen verziert, die alle Napoleon in unterschiedlichen Posen oder seine Generäle in den berühmten Schlachten darstellen. Hinten eine vergitterte Bibliothek, darauf die Gipsbüste Bonapartes. In wildem Durcheinander stehen Voltaire, Rousseau, La Fontaine und Robinson Crusoe in den Regalen. Auf einem anderen Möbel sah ich einen Pokal mit zwei Föten in Weingeist konserviert.

LIEBE UND LÜGE AN DECK

»Mademoiselle Flora, ich darf nicht auf Ihre Liebe hoffen, aber lassen Sie mich Ihnen wenigstens helfen, Ihren geheimnisvollen Kummer zu tragen«, spricht der Kapitän unter südlichem Sternenhimmel zu seiner Reisenden. Sie räkelt sich gerade an Deck, hat sich mit vielen Kissen nahe den Hühnerkörben einen Liegeplatz eingerichtet und hört die Mitteilung mit gemischten Gefühlen. Es ist der Anfang einer vertrackten Beziehung: er ahnungslos über ihre Vergangenheit und ihren Zivilstand, sie ihn hinhaltend, weil sie es mit dem Kapitän nicht verderben möchte. So legt sie ihm nach seinem Geständnis nur wortlos die Hand auf den Arm: »Wir ließen unseren Gedanken freien Lauf, und weder er noch ich dachten daran, die Stille zu brechen.«

Als Chabrié immer leidenschaftlicher um sie warb, erwog sie in der Bedrängnis für kurze Zeit sogar die Bigamie – auch als Möglichkeit, mit diesem Schritt Frankreich und ihren drei Kindern für immer zu entrinnen.

Störendes kurzerhand mit Leugnen aus der Welt zu schaffen, war ein Grundzug Flora Tristans. Von Kind auf lernte sie, sich mit Hilfe kleinerer und größerer Täuschungsmanöver durchzukämpfen. Die falschen Angaben zu ihrer Person auf der Reise nach Peru waren ein weiterer Versuch, mittels Irreführung eine Schneise durchs Dickicht ihres Lebens zu schlagen.

Nicht nur zum Stelldichein verbrachte Flora ihre Zeit gerne an Deck. Zwei Wochen nach Wegfahrt von den Kapverden zeigten sich im Passagierbereich des Schiffs quälende Schwierigkeiten. Aus den Laderäumen drang derart stinkender Dampf von fauligem Wasser, daß sich die silbernen Gabeln und Löffel schwarz färbten. Der Aufenthalt in den Kabinen wurde unerträglich, und so versammelte sich der ganze Reisetrupp draußen, lebte und schlief während mehrerer Tage an Deck. Als Sturm und Regen aufkamen, kauerten sich alle durchnäßt unter Treppen und Planken. Einzig für Flora wurde ein Faß bereitgestellt, sie richtete sich in ihrem »rollenden Haus« ein. Der Kapitän gab ihr als Dach noch zusätzlich einen chinesischen Ölmantel samt Hut. Hinlänglich geschützt, »fühlte ich mich als neuer Diogenes; in meiner Tonne hausend machte ich mir Gedanken über die Grundbedingungen des Menschseins«. Sie forderte die Mitpassagiere auf, sich vor dem Faß zu versammeln und ihren erbaulichen Reden zu lauschen. Auch in Notlagen wünschte sie stets die Ergebenheit des Publikums.

Langsam verzog sich der üble Geruch. Mit allerlei Kräutern und Vanille räucherte man den Hauptraum aus: »Wir konnten erneut in die Kapitale unseres Reichs zurückkehren.«

JENSEITS DES ÄQUATORS

»Weil die Besatzung aus fortschrittlichen Männern besteht, gab es keine Taufe am Äquator«, berichtet Flora. Stets spendet sie Beifall, wenn der von ihr hochgeschätzte Fortschritt alte Traditionen über Bord spült.

Viele der warmen Abende verbrachte sie nun mit dem Kapitän auf der Brücke, »eingetaucht in süße Träumereien«. Die Selbsttäuschung dauerte, bis sich die Brigg schließlich dem Kap Hoorn und damit den meteorologischen Schrecken näherte. Die Temperatur fiel unter den Gefrierpunkt, es schneite nachts, Flora entsetzte sich über die Arbeitsbedingungen der Seeleute:

Das Meer war absolut furchtbar hier, täglich wüteten schwere Stürme. Die Kälte lähmte alle Kräfte der Matrosen. Sie fielen hin, verletzten sich oder wurden krank. Das Maß des Übels voll für die armen Kerle machte der Mangel an warmen Kleidern. Ich habe gesehen, wie die Hemden der Männer an

ihren Körpern festfroren und die Haut darunter wegrissen.
Ihre hölzernen Liegen standen voll eisigen Wassers. Welch
schmerzliches Spektakel, die Leute einem solchen Maß an
Leiden ausgesetzt zu sehen!

Sie ärgerte sich über die Schiffsbesitzer und den Marineminister:
»Warum kann man solches Unglück nicht voraussehen? Warum
werden die Kleider der Matrosen nur auf den Kriegsschiffen
kontrolliert? Weshalb kümmern sich die Hafenkommissare nicht
gemeinsam mit den Kapitänen um die Kleiderfetzen der Mannschaften auch auf Handelsschiffen?« Matrosen seien prinzipiell
unvorsichtig, erklärt sie entschieden, deshalb müsse man sie gezielt
vor Unheil bewahren:

Die Humanität zwingt uns dazu. Physisches Leiden
demoralisiert den Menschen bis zum Punkt, wo man von ihm
gar keine Dienstleistung mehr erwarten kann. Mir wurde
erzählt, daß es Kapitäne gibt, die ihre Untergebenen am Kap
Hoorn mit zwei Pistolen – in jeder Hand eine – antreiben.
Die exzessive Kälte macht nämlich die Leute völlig apathisch.
Manchmal frieren ihnen die Hände ab, dann bringen sie sich
häufig gleich selbst um. Hätten sie warme und wasserdichte
Kleidung, wäre das alles anders.

Erstaunlich hören sich Floras grundsätzliche Erwägungen zum
Matrosenberuf an:

Der echte Seemann kennt weder Heimat noch Familie.
Seine Sprache gehört zu keiner Nation. Sie ist eine Mischung
von Wörtern aus aller Welt, entliehen bei Schwarzen wie
Wilden, Shakespeare oder Cervantes. Sein Leben gehört

dem Zufall, er ist nicht um die Zukunft besorgt. Der wahre Matrose desertiert. Wann immer möglich, wechselt er Schiffe und Länder, sucht nichts zu verstehen von dem, was er sieht. Er bleibt nirgends hängen, bindet sich nicht, zeigt keine Zuneigung, ist ein Reisevogel, der sich für kurze Zeit auf einem Baum niederläßt, auf den er zufällig stößt. Aber nie sucht er ein Gebüsch zum Nisten.

Am hundertdreiunddreißigsten Reisetag war die *Mexicain* am Ziel im chilenischen Valparaíso. Erneut versuchte es der Kapitän mit einem Heiratsantrag. Erstmals im Leben, erklärte er Flora, habe er auf dieser Fahrt gespürt, was Glück bedeute. In lauterer Absicht will er sie zur Frau, und zwar bevor sie in Peru – wie sie erwartet – zu Geld kommt. Die Tragweite ihres Täuschungsmanövers wurde ihr mit einemmal klar:

> Ich versteckte mein Gesicht in den Händen, erschreckt über die Folgen meiner Notlüge. Von diesem Moment an mußte ich auf das Glücksgefühl seiner Liebe verzichten, welches mich meine Vereinsamung vergessen ließ. Ich durfte – nun wieder an Land – das Geschick dieses Ehrenmannes nicht weiter kompromittieren. Ich fühlte mich zerstört, vernichtet. Als Ausgestoßene im eigenen Land hatte ich geglaubt, ich könne einen Schatten von Freiheit erhaschen, wenn zwischen mir und Frankreich das riesige Meer ausgebreitet sein werde. Unmöglich! In der Neuen Welt war ich immer noch eine Paria wie in der Alten Welt auch.

Rückzug nach Valparaíso

Valparaíso: damals wichtigster Umschlagplatz für Waren aus der Alten Welt nach der südamerikanischen Pazifikküste und weiter nördlich Richtung Kalifornien. Zudem war der Hafen Ausgangspunkt der Europäer für ihre Landexpeditionen in jene schwer zugänglichen Gebiete. Als Maria Graham 1822 dort gelandet war, hatte die Stadt ein paar hundert Einwohner – viele von ihnen europäische Kaufleute. Zehn Jahre später fand Flora Tristan »einen lebendigen Ort mit unzähligen kleinen Holzhäusern, die weiträumig den Terrassen entlang gegen die Berge gebaut sind«. Als schön komme ihm die Stadt beim besten Willen nicht vor, berichtet ein anderer früher Reisender, der Schweizer Johann Jakob von Tschudi. Von einem »Paradiestal« könne nur sprechen, wer fünf Monate lang in einer Kajüte eingesperrt war und endlich wieder Land sieht. Der Großteil der Bewohner in den schmutzigen Gassen und Häusern seien Ratten und Ungeziefer.

Heute frißt sich Valparaíso entlang zahlreicher Bergrippen und tiefer Täler planlos die Hänge hinauf Richtung Kordilleren – die ganze Häuseraufhäufung stets von Erdbeben bedroht und in regelmäßigen Abständen wieder zerstört. Von den Anlagen aus der Kolonialzeit, vom einstigen spanischen Fort ist nichts mehr erhalten. Die meisten der geschützten Ankerplätze gehören neuerdings der Armee und sind militärische Sperrzone. Schwer bewaffnete Wachtposten verwehren den Zugang. Nicht einmal ein rascher Blick auf den weiten Hafen als Versuch, die Erinnerung an längst Vergangenes herbeizuzwingen, wird erlaubt. Zumindest aber rufen handgeschriebene Plakate vor einigen der verlotterten Kneipen dem Meer entlang ins Gedächtnis, daß von hier aus auch jetzt noch Schiffe in alle Welt auslaufen. Für zwanzig US-Dollar etwa werden auf Frachtern billige Passagen nach Indonesien angeboten. Es riecht nach Tang und morschem Holz an der Mole, dieser Geruch wenigstens ist geblieben.

Hinter dem Gebäude der Marineverwaltung direkt am Kai, dem einstigen Gouverneurssitz aus dem späten neunzehnten Jahrhundert, hängen in den steilen Hügeln die Überbleibsel weniger alter hölzerner Herrenhäuser abenteuerlich über dem Wasser, die Veranden in verblichenen Grün- oder Blautönen und verziert mit Laubsägebalustraden: Spuren der Villen einstiger Kaufleute am Südzipfel des Kontinents. Valparaíso ist heute Sitz des chilenischen Parlaments und soll nach Wunsch der Regierung in naher Zukunft mit Museen, Galerien, Musiksälen und Theatern zum kulturellen Zentrum des Landes ausgebaut werden. Die Hoffnung auf ein Juwel anstelle der jetzigen Schwermut?

FREMD AM ENDE DER WELT

Als Maria mit ihrem toten Mann an Bord in Valparaíso eintraf, war Chile noch immer Kampfzone der Unabhängigkeitskriege – obwohl offiziell seit 1818 von Spanien losgelöst. Als Revolutionschef lavierte in der Hauptstadt Santiago der Freiheitsheld Bernardo O'Higgins, Sohn eines Iren und einer araukanischen Indianerin, erzogen in England und überzeugter Kämpfer gegen marode monarchistische und klerikale Kolonialstrukturen. Maria erlebte die letzte Herrschaftsphase des heute noch überall in Chile verehrten Manns. O'Higgins hatte immerhin erreicht, das Land in nur fünf Jahren ökonomisch auf Kurs zu bringen, er führte den Schulzwang ein, war beliebt beim Volk, strauchelte aber schließlich über eigene Begehrlichkeiten, weil auch er mit diktatorischen Befugnissen liebäugelte. 1823 mußte er zurücktreten.

»Alles Neue hier und die traurigen Umstände unserer Ankunft zwingen mich, wenigstens ein kleines bißchen Interesse an den Dingen um mich herum zu zeigen. Nichts ist schöner als der Blick auf die Anden – wie wenn sie mit ihren Schneegipfeln direkt aus dem Meer aufstiegen.«

Bereits einen Tag nach der Landung kamen die Bedienten des neu ernannten Kapitäns an Bord und richteten die Kabine, in der Graham starb, für ihren Chef ein. Maria wurde nahegelegt, gleich mit nach England zurückzusegeln. Sie lehnte ab. Weder ihre Gesundheit noch ihre Trauer erlaubten die Reise. Der Bürgermeister von Valparaíso besuchte sie noch auf dem Schiff und schlug ihr einen Begräbnisplatz im Areal der spanischen Festung vor: »Ich weiß kaum noch, wie ich vom Segler herunterkam. Wie benommen stolperte ich über das Deck, wo ich vor einem Jahr unter ganz anderen Vorzeichen einen herzlichen Empfang erfahren hatte.«

Ihr Gepäck wird auf ein Boot geladen. Mit allen Erinnerungen sich selbst überlassen, steht sie am Kai des fremden Hafens und nimmt sich nahe den Anlegestellen, nahe den Schiffen vorerst ein Zimmer:

Am Nachmittag stand ich am Fenster, schaute zur Mole hin und sah zu, wie die sterblichen Überreste meines nachsichtigen Freundes und Gefährten auf einer Barke ans Ufer gebracht wurden. Alle seine Leute und die Besatzungen amerikanischer sowie chilenischer Schiffe begleiteten ihn. Die

Fahnen verschiedener Nationen flatterten durcheinander. Eine Musik spielte Sterbehymnen für den Mann mit dem reinen Herzen. Lang war die Prozession all derer, die sich dabei ihrer weit entfernten Nächsten erinnerten. Viel wurde getan, was gutgemeinte Gefühle gegenüber den Toten gebieten. Wenn all dies meinen wahnsinnigen Schmerz hätte lindern können, wäre nichts vergeblich gewesen.

Wenig später mietete Maria ein kleines Haus mit Garten voller Oliven und Mandeln – allerdings in einer übel beleumdeten Gegend. »Das Leben hier soll nicht sicher sein, sagen die Leute, außer man akzeptiert Mord und Totschlag. Ich fühle mich dennoch geborgen, weil ich glaube, zum Mord gehört die Provokation. Ich bin entschlossen, keine Mörder zu provozieren.«

Die kleine Behausung bestand aus einem Vorplatz und dem Aufenthaltsraum mit Tür ins fensterlose Schlafzimmer. »Kein Haus hier«, erklärt sie, »hat mehr als ein Fenster. Scheiben gibt es keine, nur holzgeschnitzte Läden. Ebenso keine Gips-, nur Holzdecken wegen der häufigen Erdbeben.« Sie kaufte sich ein Pferd, ritt durch Nebel und Regen, besuchte ihre Nachbarn, jagte Rebhühner, erkundete die Gegend. Was sie sah und was ihr neu und fremd war, schrieb sie auf. Den Weintransport zum Beispiel. Kolonnen von hundertfünfzig Maultieren und mehr zogen mit prall gefüllten Lederschläuchen auf den Rücken aus den nahen Anbaugebieten in die Ortschaften zum Verkauf. Maria griff zu: »Ich erstand eine große Quantität Weißwein. Er ist reich, schwer, süßlich und entwickelt sich bei guter Lagerung hervorragend – viel besser als die Kapweine. Die Flasche kostet dreieinhalb Dollar.«

War sie seelisch robust genug, ging sie zum Hafen hinunter, in die Läden, auf den Markt. Zu kaufen gab es Seide aus China, Frankreich oder Italien. Englische Händler führten geblümte

Baumwolle, Klaviere, irdenes Geschirr und speziell für die spanischen Kolonien angefertigte tönerne Heilige aus Birmingham im Sortiment, die Deutschen boten Glas und Spiegel feil als Votivgaben für die Kirchen, die Amerikaner Möbel und Schiffszubehör. Zum Schluß der Exkursion machte sie jedesmal in der Apotheke Station, weil sie sich dort an jahrhundertealte italienische *farmacie* erinnert fühlte:

> Auf den Regalen stehen Töpfe, verziert mit Sternbildern und vollgestopft mit altertümlichen Medizinen. Dazwischen Teepäckchen aus London, getrocknete Kräuter, schmutziges Harz, Fischköpfe, Schlangenhäute. Auf einer Konsole reißt ein ausgestopfter Kondor gerade ein Lamm, auf einer anderen steht ein Schaf im Spiritus, dem ein Bein aus der Stirn wächst. Hühner, Papageien und Katzen sausen herum und wirbeln eine Mischung aus altem Staub und frischem Dreck auf.

MIT COURAGE GEGEN DIE TRAUER
Marias Notizen, kurz nach dem Tod ihres Mannes niedergeschrieben, verblüffen als Zeugnisse fast unheimlicher Energie. Ihre Beobachtungen und Reflexionen zeigen einen Menschen, der Neugier und Lerneifer als Rettungsanker nutzt. Wohl gestattet sie sich Momente der Verzweiflung – etwa wenn sie bemerkt:

> Der Abend war kühl und düster. Ich setzte mich in meiner einsamen Hütte hin und dachte an die Hoffnung und die Sehnsüchte, mit denen ich England verlassen hatte. Ich zweifelte, ob ich nicht selbst schon dabei war, die Grenzen des Lebens zu überschreiten. – Sogleich aber maßregelt sie sich: Solche Gedanken dauern nie lange. Sie haben damit zu tun, daß hier eben nicht alles rund läuft. An jeder Gabelung werde

ich mit bedrohlichen Irrwegen konfrontiert. Und Tag für Tag muß ich dazulernen.

Sie lernte begierig, ging den Dingen auf den Grund, scheute die Tuchfühlung nicht, wenn sie zum Beispiel von einer Töpferwerkstatt weit oben in den Hügeln berichtet, wo sie als »Feldforscherin« unterwegs ist:

Ich sah mich um und suchte vergeblich nach Brennöfen, fand aber dennoch fertige Töpfe und Teller auf den Schwellen schäbiger Behausungen zum Verkauf. Dies war keine Manufaktur, wie wir sie kennen, es gab weder Töpferscheibe noch sonstige Maschinen. In einer ärmlichen Blätterhütte hockte eine ganze Familie auf Schaffellen. Die Frauen und Mädchen formten aus dicken Lehmkugeln die kleineren Geschirrstücke, die Männer modellierten die großen Krüge. Ich setzte mich kurzerhand zu ihnen auf den Boden und begann ohne Umstände ebenfalls zu arbeiten, bis eine alte Frau mich ernst betrachtete, mir mein Werk aus der Hand nahm, es zerstörte und mich genau anwies, wie ich zu kneten habe. Unbedingt wollte ich dem Geheimnis des Polierens auf die Spur kommen, denn Glasuren sind hier unbekannt. Die Alte griff in einen Ledersack, zog eine glatte Muschel heraus und rieb – langsam zuerst, dann mit immer größerer Schnelligkeit und Energie – so lange über die feuchte Oberfläche, bis das Gefäß schimmerte, als wäre es glasiert worden. Getrocknet wird die Ware an der Sonne.

Techniken, wie sie bereits bei den Inka üblich waren.

REISE NACH SANTIAGO

Nach drei Monaten Valparaíso zog es sie in die Hauptstadt, sie sehnte sich nach politischen Informationen aus erster Hand. Dem immer noch mächtigen Bernardo O'Higgins traute sie nicht über den Weg, wollte ihn aber dennoch unbedingt kennenlernen. Daß er diktatorische Allüren an den Tag legte, wußte sie längst, auch daß er versuchte, sich mit einer neu und flott entworfenen Verfassung bei seinen Kritikern wieder beliebt zu machen. »Ich bin zu alt«, sagt sie, »um mich vor *readymade*-Verfassungen (sic!) nicht zu fürchten. Und vor allem fürchte ich mich, wenn diese Verfassung – entworfen für hochzivilisierte Leute – plötzlich und viel zu schnell einer Nation übergestülpt werden soll, die wie Chile noch in den Kinderschuhen steckt.« Auch Flora Tristan verfiel dem Irrtum, die noch jungen südamerikanischen Staaten als unzivilisierte Kinder zu betrachten.

Drei Maultiere trugen das Gepäck, die Zofe sorgte für den Komfort, ein Soldat diente als Wegsucher und ein englischer Schiffsjunge als Reitbegleitung. Der kleine Treck nach Santiago setzte sich Ende August 1822 in Marsch, für die hundertzwanzig Kilometer brauchten sie drei volle Tage und drei Übernachtungen – damals eine mühselige Expedition. Heute führt die Panamericana mit Tunneln und Durchstichen in weniger als zwei Stunden vom größten Hafen des Landes in die Hauptstadt.

In Grahams Fußstapfen versuche ich in Valparaíso nach ihrer Route zu fahnden und erkundige mich nach Paßübergängen von damals. Gleich hinter niedrigen Hügeln, die sich der Küste entlang ziehen, liegt eine fruchtbare Ebene: Tomaten, Trauben, Avocados, Äpfel, Birnen wachsen in Hülle und Fülle. Kleine Dörfer säumen den Weg, üppige Frucht- und Gemüsestände locken, an allen Ecken sind hölzerne *cabañas* zur Vermietung für Wochenenden angepriesen, auf den Marktplätzen zeigen wuchtige, handgemalte

Stiere auf Plakaten sonntägliche Rodeos an. Keine Straßentafeln, nirgends. An jeder Wegbiegung erneutes Fragen, über welchen der Bergzüge denn nun vermutlich vor bald zweihundert Jahren der Weg in die Hauptstadt führte. Ein steiler Paß mit vielen gut gebauten Kehren steuert schließlich auf die Kuppe der Küstenkordillere zu. Ob dies damals auch Marias Weg war, bleibt unklar, die Kordillere mußte sie aber in jedem Fall überqueren. Auf der Höhe reicht der Blick nach Westen weit über den Pazifik und nach Nordosten in die tiefe Ebene von Santiago mit der schneebedeckten Andenkette als Hintergrund. Links und rechts der Straße weiß blühende, hohe Kakteen, Eukalyptus, Ginster, Mimosen. Unten, Richtung Hauptstadt, Rebenfelder und Olivenwälder: Großzügig ist sie, diese Landschaft.

Maria vergleicht die Gegend zuerst mit Devonshire, der Paß jedoch erinnerte sie an die Apenninen. Sie ritt »über einen Teppich von Anemonen und Waldmeister zwischen duftenden Mimosenbäumen«. An allen Halteposten wurden ihr tadellos saubere Zimmer zugewiesen und hervorragender Claret mit gekochtem Schaffleisch aufgetischt. Beim letzten Posten traf sie morgens zu ihrem Erstaunen eine Delegation aus Santiago, angeführt von Don José Antonio de Cotapos hoch zu Roß. Er war eigens gekommen, Maria in der Hauptstadt ins Haus seiner Familie einzuladen. Viel lieber wäre sie frei und ungezwungen in einer englischen Pension abgestiegen, statt im Triumph ins gesellschaftliche Zwangsprotokoll einer spanischen Behausung geführt zu werden. Wie sich herausstellen sollte, war das Angebot Teil einer politischen List.

Die Cotapos gehörten zu den führenden Familien Chiles. Das Stadthaus, wo Maria untergebracht wurde, fand sie »zwar recht hübsch, aber kaum elegant möbliert«. Ganz und gar trostlos erschien ihr das düstere Speisezimmer, wie geschaffen, »sich rasch zum Essen darin zu verstecken und wieder zu fliehen«.

In der Siebenmillionenstadt Santiago ist ein einziges Herrenhaus aus der Kolonialzeit erhalten geblieben, das Maria noch gesehen haben könnte: die rotbemalte *Casa Colorada*, erbaut im Jahr 1769 – direkt neben der *Plaza de Armas* im Zentrum, heute sanft renoviert und als kleines Stadtmuseum eingerichtet. Beim Bummeln durch die Räume rund um den quadratischen Innenhof läßt sich leicht ausmalen, wie sich das begrenzte Leben in den düsteren spanischen Behausungen einst abspielte. Am wenigsten Licht fiel durch enge, vergitterte Fenster in die seitlich gelegenen Kammern ein, dort, wo vermutlich nahe den Küchen auch gegessen wurde.

Maria hatte inzwischen gehört, daß die Familie Cotapos zu den Todfeinden des Regierungschefs O'Higgins zählte. Einzelne Familienmitglieder waren sogar in Mordkomplotte gegen ihn verwickelt gewesen. Um so größer die Verwunderung der Besucherin, daß es just diese Gastgeber sein würden, die ihr zu einem Empfang beim großen Befreier verhelfen sollten. »Mir ist bekannt«, schreibt sie, »daß zwischen dem Präsidentenpalast und den Cotapos seit geraumer Zeit kein Wort gewechselt wird. Sollte ich nun den Friedensengel spielen, kann mir das nur recht sein.« Tatsächlich hatte sie allem Anschein nach als ahnungslose Helfershelferin ihre Rolle zu spielen in einem wohldurchdachten Wiedergutmachungsmanöver.

Jedenfalls wurde in der Residenz Cotapos vor dem Besuch im Regierungspalast mit großem Aufwand Toilette gemacht. Die Dame des Hauses, Señora de Cotapos, entschuldigte sich beim Gast, daß sie in groben Baumwollstrümpfen und derben Schuhen erscheinen werde, aber sie habe erst kürzlich während einer schweren Krankheit ihres Mannes ein Gelübde getan, daß sie im Fall seiner Genesung ein Jahr lang in dieser Aufmachung gehe, sogar zu Empfängen. Diese Buße ist deshalb besonders hart, weil sich die Damen in Chiles Hauptstadt mehr für die eleganten Schuhe der

Rivalinnen als etwa für deren Kleider oder Frisuren interessierten. Zierliche Füße in kostbarem Schuhwerk galten damals in den Kolonien als modische Hauptakzente.

Die Mutter von Bernardo O'Higgins, Doña Isabella, empfängt im Palast die Gäste. Erst als alle anwesend sind, tritt der Sohn, der Präsident auf:

Er ist klein, korpulent, aber sehr lebhaft. Seine blauen Augen, blonden Haare und die porige Haut bezeugen die irische Herkunft, aber die kleinen Hände und Füße deuten auf den mütterlichen araukanischen Stammbaum. Er wirkt bescheiden, maßt sich nichts an, erklärt mir, daß er die Rückständigkeit des Landes zwar mit strengen Gesetzen bekämpfe, dennoch liege ihm einzig die Liebe zu Chile am Herzen.

Plötzlich, mitten im Gespräch, stürzen einige wild aussehende Mädchen in den Salon, fliegen auf O'Higgins zu, umklammern seine Knie. Es sind indianische Kinder, die er auf einem Schlachtfeld herumirrend fand und vor ihren Vätern rettete. Maria erklärt die seltsame Begegnung: Wenn die araukanischen Indianer ihre Überfälle machen, nehmen sie Frauen und Kinder stets mit. Unterliegen sie in der Schlacht, töten sie ihre Familien, damit sie nicht in die Hände der Feinde fallen. Diese Sitte gilt auch, wenn die Indianer in fremden Heeren Dienst leisten. O'Higgins stellt Maria seine Schützlinge vor und spricht mit den Mädchen absichtlich in ihrer Muttersprache, damit sie den weichen Klang höre. Die araukanischen Kinder werden im Palast als Mittlerinnen zwischen Indianern und Chilenen ausgebildet.

Schon nach diesem ersten Treffen mit Chiles irisch-indianischem Revolutionär findet sich in Marias Journal kein kritisches Wort mehr über O'Higgins. Im Gegenteil: Anderntags besucht sie dank Sondererlaubnis – Frauen haben offiziell keinen Zutritt – eine Parlamentssitzung. Sie zeigt sich erstaunt über die Offenheit der Voten, weil ihr bekannt ist, daß die Deputierten nicht demokratisch gewählt, sondern vom Präsidenten persönlich ausgesucht waren. »Alle großen gesellschaftlichen Veränderungen sollten zum Besseren führen. Aber niemand, der über die Unvollkommenheit der Menschheit nachdenkt, glaubt daran. Ich hoffe aber, daß viele kleine Veränderungen wenigstens die Bedingungen des menschlichen Lebens verbessern«, schreibt Maria in Santiago – offensichtlich zur Rechtfertigung der damaligen Regierungspolitik.

Andertags: Der erste Ritt auf ihrem neuen Rotschimmel Fritz – »weiße Füße, blaue Augen, kräftig gebaut und noch nie ein weibliches Wesen auf seinem Rücken getragen« – führt sie aufs Landgut des Präsidenten. Auch hier empfängt die Mutter, Doña Isabella, den englischen Gast. Maria versucht, den Hausherrn in Diskussionen über die politische Lage des Landes zu verwickeln. Der zieht es aber vor, ihr den Garten mitsamt einem Teleskop vorzuführen, durch das sie in die Weiten des Landes blickt. Zur Freude der Bauern hat O'Higgins, wie er stolz vermeldet, die Ebene mit Bewässerungskanälen durchziehen lassen. Später begibt man sich zum Dinner, wo Maria alles hübsch hergerichtet vorfindet: »Die englische Schlichtheit und Sauberkeit gab den chilenischen Speisen all das, was mir bis anhin daran fehlte.«

Vormarsch nach Peru

Im August 1833, eben in Valparaíso gelandet, schreibt Flora Tristan:»Am Tag unserer Ankunft liefen zwölf fremde Schiffe im Hafen ein, der Beweis für das große Handelsvolumen. Ich war erstaunt über den Quai und glaubte mich in einer französischen Stadt am Meer. Alles rundum sprach Französisch und war nach dem letzten Pariser Schrei gekleidet.«
Zweihundert Franzosen lebten zu jener Zeit im Ort, trieben Handel mit ganz Südamerika – berüchtigt für ihr Lotterleben und nirgends beliebt. Flora ist wenig erstaunt:»Alle diese Landsleute sind die übelsten Klatschmäuler und Schürzenjäger, die man sich denken kann. Sie zerreißen sich gegenseitig schonungslos in der Luft, sogar unter Freunden. So benehmen sich leider unsere Kompatrioten im Ausland.« Ihre Weiterfahrt Richtung Peru buchte sie nach kurzer chilenischer Rast auf dem amerikanischen Dreimaster *Leonidas*. Während sie zum Schiff gerudert wurde, fühlte sie»das Herz aufgedunsen vor Trauer, die Glieder erstorben, den Kopf dumpf und geschwächt«. Der Segler lichtete den Anker, sie stand an der Reling, blickte zurück, die Häuser am Hafen wurden klein und kleiner, bald hörte sie kaum mehr Hundegebell oder Hahnenschreie vom Ufer her:

Mein Gott! Wieder verlor ich den Boden unter meinen Füßen, ein heftiger Schmerz schüttelte mich. Alle Qualen meiner Jugend, meines ganzen Lebens, meiner jetzigen Lage traten mir gleichzeitig vor Augen, und zwar derart deutlich, daß mich die Mühen der Vergangenheit und die Last der Zukunft vereint niederdrückten. Ich neigte mich übers Geländer und wäre am liebsten für immer in die Unendlichkeit des Meers getaucht.

Eine Tasse Suppe, ein paar Löffel verdünnten Kaffees, ein verständnisvoller Bordarzt, aufmerksame Mitpassagiere – bald ging es ihr besser:»Meine Körperkräfte kehrten zurück und mit ihnen die Moral. Ich fand wieder Mut zum Kämpfen gegen alle Widerstände, die vor mir lagen.«

Noch in Valparaíso hatte sie die schlimme Botschaft vernommen, daß die ihr gewogene Großmutter inzwischen verstorben war. Die einzige gesicherte Geldquelle war damit versiegt, und sie machte sich gefaßt auf große Erschwernisse beim Erbhandel.

Nach acht Tagen Reise endlich die Ankunft im peruanischen Islay, dem Startpunkt für die Expedition nach Arequipa. Die Küste liegt verhangen im Nebel, wirkt wüstenhaft, kein Baum, kein Grün, einzig schwarzer Sand und ein paar Bambushütten. Aber:»Der Wein ist gekeltert«, erklärt Flora bei der Landung energisch,»nun muß man ihn trinken.« Ein Zurück gab es für sie nicht mehr.

WÜSTE, HITZE, TRÄNEN

»Hier in Islay wurde ich mehr noch als in Valparaíso zum Ziel aller Aufmerksamkeit: Ich war ein Ereignis.« Daß ihre Schönheit überall bestrickt, weiß sie bewußt auszunutzen. Auf peruanischem Boden kommt noch der Zauber ihres Namens hinzu.

Die Sippe Tristán, damals in ganz Peru bewundert und gefürchtet, war nicht nur berühmt für ihr Geld, sondern auch verrufen wegen ihrer Machtgier. Floras Onkel Pío de Tristán, das Oberhaupt der Familie und künftig wichtigste Person für die Nichte in Sachen Erbschaft, war ein Musterfall für lateinamerikanischen Opportunismus und politische Skrupellosigkeit.

Als 1820 der berühmt-berüchtigte Aufstand des Obersten Riego in Cádiz den spanischen König zum Nachgeben zwingt, ist Pío de Tristán als peruanischer Vizekönig ad interim und spanientreuer Brigadegeneral gerade mit fünftausend Mann in den Anden unterwegs, um aufkeimende Freiheitsbestrebungen abzuwürgen. Über Jahre zogen sich die peruanischen Kriege zwischen Royalisten und Republikanern hin. Als die Spanier endlich besiegt waren – vorläufig wenigstens –, trugen die Republikaner dem königstreuen Don Pío gegen jede Vernunft an, im Land zu bleiben und ihnen mit seinen Fähigkeiten zur Seite zu stehen, ungeachtet seiner Vergangenheit. Den Generalsrang lehnte er zwar ab, ließ sich aber zum Gouverneur der alten Inkastadt Cuzco ernennen. Er hoffte, auf diesem Posten sein Vermögen zu retten und zwischen allen Fronten lavieren zu können. Die Rechnung ging diesmal nicht auf. Für die Spanier war er ein Verräter, die Republikaner verdächtigten ihn, die Gegenoffensive zu planen. Floras Kommentar: »Die Royalisten fürchten ihn, weil er seine Macht erhalten konnte, lehnen ihn aber als Meineidigen ab. Die Gegenseite kontrolliert seine Aktionen derart strikt, daß ihm die Hände gebunden sind.«

Don Pío bekam Haß von allen Seiten zu spüren, er gab Cuzco schließlich auf und zog sich auf seine Besitzungen in Arequipa zurück. Dort aber vermißte er schmerzlich die gewohnte Machtposition und begann aus der Provinz heraus erneut, Fäden zu ziehen, Intrigen zu spinnen – und beinahe wäre es ihm geglückt, als überzeugter Royalist zum Präsidenten der Republik Peru gewählt zu werden, es fehlten nur gerade fünf Stimmen. Zum Trost für den

Mißerfolg machten ihn die ergebenen Mitbürger von Arequipa zum Präfekten der Stadt. Aber dieser Sessel befriedigte ihn erst recht nicht, öffentlich teilte er mit, die Amtsbefugnisse seien ihm zu gering. Nun drohte dem Taktiker Gefahr aus der eigenen Heimat. Die Presse ritt Attacken gegen ihn, niemand traute ihm über den Weg, er sah sich mit Morddrohungen konfrontiert und stellte sein Amt schließlich zur Verfügung, um sich in Ruhe neue Ränkespiele auszudenken. »Man kann sich leicht ausmalen«, schreibt Flora, »wie sich die Peruaner in Arequipa auch mir gegenüber verhielten.«

Vorerst aber saß sie noch in Islay, im Haus des Postdienstchefs, wo sie auf die Weiterreise wartete. Sie fühlte sich wie in einem Taubenschlag, die Besucher kamen und gingen, neugierig auf die Nichte Don Píos. »Wissen Sie eigentlich, Mademoiselle«, fragte sie ein junger Franzose, »in welchem Schurkenstaat Sie sich befinden?«

Eines Morgens früh stehen Begleiter und Maultiere endlich bereit. Flora beginnt ihren vierzigstündigen Ritt von der Küste ins Landesinnere nach Arequipa. Sättel für die Reiter gibt es nicht, sie muß mit einem Kissen auf dem Rücken ihres störrischen Tiers vorliebnehmen. Es ist der 11. September 1833.

Der Pfad ins Gebirge ist steil, führt über Felschründe, durch enge Schluchten. Die Maultiere rutschen, wirbeln weißen, dicklichen Staub auf, es ist glutheiß, Flora leidet unter Flohstichen am ganzen Körper, ist von rasenden Kopfschmerzen geplagt. Am Ende eines engen Couloirs sieht sie urplötzlich weit ausgebreitet die flache Wüste vor sich und weit entfernt im Dunst die drei Vulkane von Arequipa sowie im Flimmerlicht die Andenkette: »Ich vergaß alle meine Leiden. Mein Leben reicht nicht aus für dieses Staunen. Die Bergkette ist endlos. Tausende schneebedeckter Spitzen blitzen von der Sonne bespiegelt. Ewiges Eis und glühender Sand. Ich war in Ekstase und suchte gar nicht erst nach Erklärungen für diese Mystik.«

Die Reisekolonne legt einen kurzen Halt ein, für Flora wird ein Zelt aufgestellt und eine Mahlzeit aufgetragen: Würste, Käse, Schokolade, Zucker, Früchte und zum Trinken Milch, Wein, Rum. Dann geht es weiter durch den heißen Sand unter gleißender Sonne:

Jetzt raubte mir die körperliche Qual mein eben empfundenes Glück. Plötzlich sah ich mich auf einem blauen, klaren Meer, ich fühlte leicht bewegte Wellen unter mir, und über mir die bis in den Himmel aufsteigende Hitze eines Glutofens. Der feine, kochende, kaum sichtbare Staub klebte wie ein Federbett an meinem Körper. Getäuscht von der Illusion, wähnte ich unter dem Wasser ein flüssiges Feuer, und als ich meinen Blick auf die Kordilleren richtete, fühlte ich die Marter des gefallenen und aus dem Himmel gewiesenen Engels.

Gegen Mittag, bei steigenden Temperaturen, weiten sich die Trugbilder ins Unerträgliche, Flora verliert kurz das Bewußtsein. Linderung bringt erst die Kälte nach Sonnenuntergang. Die Gruppe reitet weiter, bis sie um Mitternacht mitten in der Einöde einen *tambo*, eine kleine Raststätte erreicht. Dort ist das Wasser ausgegangen. Um vier in der Frühe werden die Reittiere wieder bereitgestellt. Die Landschaft verändert sich nun rasch, überall dräuen hohe Felsen ohne jede Vegetation: »Es ist die tote Natur in ihrer traurigsten Erscheinung. Kein Vogel in der Luft, kein Käfer auf dem Boden. Und diese Welt der Verwüstung ist übersät mit Skeletten verhungerter oder verdursteter Maultiere, Pferde, Esel, Rinder. Der Anblick machte mich elend. Sind sie nicht alle unsere Gefährten?«

Wieder die quälend sengende Hitze, als der Trupp eine besonders gefürchtete Bergstrecke in Angriff nimmt. Der Weg führt durch Klüfte und Schluchten, hinauf und wieder hinunter, vorbei an zwei leise wimmernden, sterbenden Eseln: »Der Anblick ihres furchtbaren Todes machte mich schluchzen, wie wenn es zwei Angehörige wären.« Wenig später treffen sie auf ein Grab: Ein Reisender hatte die Strapazen nicht mehr überlebt. Als Flora das Steinmal am Wegrand sieht, ist sie am Ende ihrer Kraft, sie will nicht mehr weiter. Mit einem Poncho wird sie an ihrem Tier festgebunden und den letzten Grat emporgezwungen. Nach der Parforcetour im Hochland angekommen, hört sie jemanden sagen: »Öffnen Sie die Augen, Mademoiselle. Schauen Sie, wie schön Arequipa vor Ihnen liegt!«

Heute fahren Busse in wenigen Stunden vom Meer her zu der 2500 Meter hoch gelegenen Oase von Arequipa. Das blauschwarze Asphaltband der Straße ist die einzig erkennbare Farbe in der weiß-gelb flirrenden Landschaft. Die Kurven hochkletternd, durchqueren die Fahrzeuge alle erdenklichen Gestaltungen und Formen von Wüsten: weite Sanddünen, hochragende Felsen, zerklüftete Erosionskegel, steinerne Faltenriegel. Da und dort aufragende Riesenkakteen erscheinen wie Wesen aus fremden Legenden. Selten ein winziges Maisfeld in der Einsamkeit, eine einzige Kuh neben einer Hütte grasend – dort, wo kleine Wasserrinnen unter Sand und Steinen ans Tageslicht gelangen. Und über der weiten, spukhaften, von den Anden herabfallenden Öde liegt tödliche Stille.

DIE HÖHLE DER VERWANDTSCHAFT

Erschöpft und kleinlaut bat Flora, vor dem gefürchteten Familientreffen erst einmal in der letzten Poststation ausruhen zu dürfen. Sie durfte: »Der Name meines Onkels war meine beste

Empfehlung.« Mit Milch wurden ihre aufgedunsenen Füße, ihr ganzer Körper gewaschen, und in der benachbarten Kapelle fand sie ein Bett bereitgestellt – direkt neben dem Altar. Als sie nach langem Schlaf aufwachte, hatte sie ein seltsames Erlebnis: In der halboffenen Tür sah sie den Kopf einer riesigen schwarzen Angorakatze mit feuerfarbenen Augen. »Es war die schönste Bestie, die ich jemals gesehen habe.« Auf schweren Pfoten trat sie ein. Halb rätselhaft, halb vorsichtig rollte sie ihre flammenden Augen und schlug mit dem Schwanz wie eine Schlange. Flora war sich nicht klar, ob sie die Erscheinung ihrem Fieber zuschreiben sollte oder der Schwächung durch die Strapazen – jedenfalls fühlte sie sich »im schwebenden Zustand der Schlafwandler«. Die Katze, nun zum Greifen nahe vor ihr, versetzte sie in eine Stimmung des Grauens, machte ihr angst. Der Schreck beleidigte ihren »sonst beherzten Charakter«. Sie versuchte, das Tier mit einer Schale Milch zu beschwichtigen. Die Katze sprang wild nach links, nach rechts, dann auf den Altar hinauf, fauchte, sträubte das Fell. War sie mit ihren roten Augen gar eine Erscheinung des Teufels?

Nach zwei Tagen Erholung wurde sie von einem Reitertrupp abgeholt, den Beelzebub hatte sie rasch vergessen. Ein Jüngling, der ihr aufs Haar glich, begrüßte seine Kusine in fließendem Französisch: »Ich war vier Jahre lang in Paris«, sagte er, »und niemand hat mir von Ihrer Existenz erzählt.«

Ein gutes Reitpferd wartete. Flora trug ihr »Amazonenkostüm« – wie sie es nannte – aus grobem grünem Tuch, auf dem Kopf einen breitkrempigen Männerhut mit schwarzem Schleier vor dem Gesicht. Es war tiefe Nacht, als sie am Ziel, in den Gassen Arequipas, ankam. Die Stadt lag im Dunkeln, bloß in einem der großen Häuser waren Torbogen und Fenster hell erleuchtet: »Dies hier ist das Palais Ihres Onkels«, sagte ein Begleiter. Eine Schar Sklaven erwartete sie im Vorhof und meldete der Herrschaft die

Ankunft. Sie fühlte sich wie auf der Bühne, Pechfackeln waren an den Mauern befestigt und warfen flackernden Schein auf die Szene. Mit großem Zeremoniell erschien stellvertretend für den abwesenden Onkel eine Kusine in festlicher Toilette am Portal und führte sie ins Haus. Der prächtige Salon erstrahlte im Licht eines glitzernden Lüsters und vieler Kandelaber mit bunten Kerzen. Flora wurde zum großen Sofa geführt. Kaum hatte sie sich gesetzt, machte ihr eine Deputation von sechs Mönchen die Aufwartung. Während der Lobreden des Priors auf die Familie hatte sie Zeit, sich umzusehen. Befriedigt stellte sie fest, daß sie sich in allererster Gesellschaft befand. Mißtrauisch jedoch aus Erfahrung, glaubte sie den übertriebenen Ehrbezeugungen wenig, weil sie nicht ihr, sondern dem Onkel galten. Ein spätes Souper lehnte sie tapfer ab, weil sie allzu erschöpft war. Gegen Mitternacht endlich wurde sie mit einer kleinen schwarzen Zofe in zwei spärlich möblierten Zimmern allein gelassen.

Das also war das Geburtshaus ihres Vaters. Eine schwere Kommode stand da, noch aus der Zeit der Katholischen Könige, Ferdinand und Isabella, ein paar Stühle jüngeren Datums, ein Tisch. An den weißgekalkten Wänden vergilbte geographische Karten, Licht fiel einzig durch eine winzige Öffnung hoch oben im Gewölbe. Als »düster und kalt« empfand sie ihre Unterkunft, »wie ein Grabschacht«. Sie beurteilte den Hausherrn nach den Gemächern, die er seinen Gästen zuteilte, und kam zum Schluß, Don Pío müsse wohl noch geiziger sein, als sie befürchtet hatte.

Am Tag nach der Ankunft stehen Besuche der Stadtoberen auf dem Programm. Es war damals Sitte in Peru, daß Ausländerinnen oder hochgestellte einheimische Damen auf der Durchreise in den Salons ihrer Gastgeber die Honoratioren empfingen. Aus Koketterie will Flora aber noch niemanden sehen. Ihre Haut ist von der Wüstensonne derart verbrannt, daß sie ihr Gesicht erst gesundpflegen möchte. Und überhaupt – meint sie – habe die Gastlichkeit bei Völkern, die noch in den Kinderschuhen steckten, etwas Tyrannisches, dem sie sich nicht zu fügen gedenke. Ein ungewöhnliches Verhalten der wenig erwünschten Bittstellerin: souverän, unerschrocken, mit einem Anflug von Arroganz. Von Anfang an bekennt sie Farbe, nutzt ihr Erscheinen in der Höhle der Verwandtschaft zur Selbstdarstellung, zur Demonstration von Unbeugsamkeit und Stolz. Drei Monate lang wartet sie, bis der Onkel sie schließlich gnädig auf sein Landhaus bestellt. »Wie wird er mich empfangen? Welche Gefühle wird sein Anblick in mir auslösen?« Mit großem Gefolge reitet sie schließlich eines Nachmittags die kurze Wegstrecke zum Gutshaus, steigt ab, sieht den gefürchteten Mann vor sich. Sie beschreibt ihn als klein, grazil gebaut, mit blauen, wachen Augen, und er schaue mit vierundsechzig zwanzig Jahre jünger aus. Aber trotz seines vorteilhaften Äußeren beherrsche ein böser Zug sein Gesicht, der alles Liebliche verdränge: Geiz. Sie spürt, daß der Geiz ihn gefühllos machte. Sie ergreift seine Hand und sagt: »Lieber Onkel, ich brauche Ihre Zuneigung.« Er antwortet doppelzüngig: »Mein Kind, die haben Sie ja bereits. Liebe Nichte, ich bin so glücklich, Sie zu sehen.« Die Tante hingegen gibt sich zugeknöpft. Flora betrachtet sie von Anfang an als ihre Gegnerin, bösartig und mit »trockenem Gemüt«.

AREQUIPA

Drei Vulkane – einer neben dem andern in gerader Reihe, alle drei um sechstausend Meter hoch, die Kuppen schneebedeckt – riegeln das fruchtbare Tal und die Stadt auf dem Hochplateau ab: nach Osten gegen die Andenkette, nach Westen gegen die Wüste zum Meer hin. Von der Inka-Vergangenheit des Orts zeugen keine Spuren mehr. Bereits 1540 hatten die Spanier hier einen

Erzbischofssitz errichtet und ihre Provinzadministration angesiedelt. Als Baumaterial für die Kirchen, Klöster und Paläste in den rechtwinklig angelegten Gassen benutzten sie den kreideweißen Vulkantuff der Gegend: Schimmernd gruppiert sich die Schar barock verzierter Gebäude rund um die elegante, von Bogengängen umrahmte *Plaza de Armas*. Flora fühlte sich wohl in der Stadt: »Die Masse von ganz und gar weißen Häusern, die Vielfalt der Kuppeln im gleißenden Licht zwischen den unterschiedlichen Grüntönen des Tals und dem Grau der Berge geben den erstmals ankommenden Reisenden das Gefühl, daß sich hier Wesen aus einer anderen Welt auf mysteriöse Weise verbergen.«

Zur Zeit ihres Aufenthalts hatte Arequipa vierzigtausend Einwohner, heute sind es – die Armensiedlungen am Rand der Wüstengebiete mitgerechnet – eine Million. Abgase von Verkehr und Industrie verhüllen Kuppeln und Häuser an vielen Tagen mit dichtem Smog, die Schäden der häufigen Erdbeben sind überall sichtbar, und daß es einem Großteil der Menschen hier an allem fehlt – Essen, Kleidung, Fürsorgeeinrichtungen – fällt an jeder Straßenecke auf. Dennoch: Das Stadtzentrum, von der UNESCO zum Weltkulturerbe erklärt, fasziniert auch heute noch, trotz des Zerfalls. Arequipa erscheint auch deshalb als Wunder, weil sich seine Bewohner seit Anbeginn nie entmutigen ließen, ihre Häuser sogar nach besonders schweren Erdstößen stets aufs neue und immer mit viel Sorgfalt wieder aufzubauen.

Von den alten, einstöckigen Herrensitzen, üppig verziert mit barocken Blumengebinden und Fabeltieren an Toren und Fenstern, sind nur wenige erhalten geblieben. Und diese wenigen gehören heute meist Banken, die im Lauf der letzten Jahrzehnte mit den architektonischen Kostbarkeiten kurzen Prozeß machten und vor allem die einst prunkvollen Innenhöfe mit Beton verschandelten. Auch in der 1737 erbauten *Casa Tristán* residiert heute ein Geldinstitut, die *Banco Continental*. Zum Glück blieben Fassade, erster und zweiter Hof ohne Verunstaltung stehen. Stolz führt mich Rolando Dibàn Valdez, von der Direktion mit dem Rundgang beauftragt, durch die jetzt leeren, hallenden Wohnräume mit ihren hohen Holzdecken und Tonfliesenböden. Die düsteren Kuppeln der Gastzimmer, wo Flora sich lebendig begraben fühlte, sind längst verschwunden.

Hier also hat sie bei ihrer Familie sieben Monate lang gehaust. Hier hat sie mit ihren Kusinen am vergitterten Fenster gesessen und die eitlen Passanten verspottet. Hier erfuhr sie die Macht und den Geiz ihres Onkels. Mein Begleiter kündigt mir mit Verschwörermiene eine Überraschung an: Porträts von Pío Tristàn und seiner Gemahlin seien noch da, die könne er mir zeigen. Durch Staub und Schutt gelangen wir in eine Abstellkammer. Zwei holzverschalte, verpackte Bilder stehen zum Abtransport ins Nationalmuseum in Lima bereit. Onkel und Tante verwehren mir den Blick in ihr Angesicht.

»Die Häuser«, vermerkt Flora, »sind solide gebaut, einstöckig wegen der Erdbeben, aber geräumig und bequem. Gegen die Straße zu haben sie ein großes Eingangsportal, dahinter drei Höfe: Auf den ersten Hof gehen Salon, Schlafzimmer und Kontore; auf den zweiten – als Garten gestaltet – Eßzimmer, Kapelle und Wäscherei; der dritte gehört den Sklaven.«

Zu Schaden kam Arequipa aber nicht nur wegen der Erdbeben. Die Plünderung von Kirchen war stets ein probates Mittel, Geld zu ergattern. Vor den Unabhängigkeitskriegen war das Innere – Säulen, Balustraden, Altäre – oft mit reinem Silber oder Gold verkleidet. »Mehr der Verschwendung als dem guten Geschmack verpflichtet, wurden auch alle Heiligen mit Edelmetallen behängt«, spöttelt Flora. »Aber dann räumten die Freiheitshelden erst die Staatskasse leer, um ihre endlosen Streitereien bezahlen zu können, und als diese nichts mehr hergab, vergriffen sie sich am Kirchengold.«

Floras Kirchen-, Klöster-, Kriegs- und Familiengeschichten aus Arequipa als einer frühen Kostprobe ihrer erbarmungslosen Beobachtung und bizarren Schreibkunst werden später ausgebreitet.

Casa de Tristán in Arequipa, 2003
Fotos: Susanne Knecht

Eingangsportal　　　　　　　　*Erster Innenhof*

Limeña in Saya und Manto
Zeitgenössische Zeichnung unbekannter Herkunft,
aus: Laura S. Strumingher, The Odyssey of Flora Tristan,
New York/Bern/Frankfurt a. M./Paris 1988

Portraitskizze Maria Graham
Zeichnung von Charles Eastlake, 1819/20
© *The British Museum*

Flora Tristan
Lithographie, vermutlich nach einem Gemälde von Abbé Constant,
aus: Les belles femmes de Paris, Dezember 1839

Thomas Cochrane, 10th Earl of Dundonald
© Collection: The Earl of Dundonald/Birlinn Ltd.

Augustus Wall Callcott 1827
© *Carl Vogel von Vogelstein, Staatliche Kunstsammlung Dresden*

Simón Bolívar
© *Hamlyn Group Picture Library/Birlinn Ltd.*

José de San Martín
© *Collection: The Earl of Dundonald/Birlinn Ltd.*

Ansicht von Valparaiso
Aquarell von Maria Graham
© Hamlyn Group Picture Library/Birlinn Ltd.

Ansicht von Rio de Janeiro
Zeichnung von Maria Graham
© Hamlyn Group Picture Library/Birlinn Ltd.

Grahams Tuchfühlung mit dem »Seewolf«

Thomas Cochrane, der zehnte Earl of Dundonald, Schotte, Kriegsheld, Söldner, Politiker, Erfinder und Pirat, gehört zu den schillerndsten Figuren der britischen Marinegeschichte. Maria Graham kannte den Draufgänger seit langem, ihr Mann hatte bei ihm als Schiffsjunge gedient. Näher kam sie ihm in Valparaíso, wo er als Admiral in chilenischen Diensten während der Befreiungskriege die Flotte befehligte. Wie nahe stand sie ihm tatsächlich? Cochranes verschiedene Biografen drücken sich beim sensiblen Thema um eine Aussage. Handelt es sich bei den Autoren um patriotische Bewunderer englischer Kriegstugenden, darf auf den tapferen Marineoffizier nicht der geringste Schatten fallen. Unziemliche Leidenschaften werden verschwiegen. Sind hingegen unbefangene Historiker am Werk, interpretieren sie die fragliche Liebesgeschichte weder als dunklen Fleck noch als speziell erwähnenswertes Abenteuer – sie gehen ganz einfach darüber hinweg.

Maria Graham und Thomas Cochrane: Zwei impulsive, eigenwillige Individuen, beide an einem kritischen Punkt ihres Lebens angelangt, treffen sich weit weg von der Heimat in Chile. Sie hat mit siebenunddreißig gerade ihren Mann verloren, er lebt mit fast achtundvierzig Jahren in zerrütteter Ehe und ist dabei, zum wiederholten Mal den Neubeginn einer Karriere zu wagen. Maria Grahams Journale und die Briefe von Cochrane lassen vermuten, daß beide mehr füreinander empfunden haben, als es die biografische Heldenverehrung für klug erachtet. Ihre Geschichte erzähle ich hier – von Cochranes Biografen abweichend, aber dennoch den Quellen entlang – aus meiner eigenen Sicht.

Warum ist die Romanze überhaupt erwähnenswert? Erstens, weil Maria nach dem Tod ihres Mannes dank Cochrane wieder zu ihrem ursprünglichen, ungestümen Entdeckergeist zurückfindet. Zweitens, weil sie Südamerikas Loslösung von Europa einschließlich dem daraus entstandenen politischen Durcheinander durch ihn erst richtig begreifen lernt. Und drittens zum besseren Verständnis von Marias Charakter: Sie hat den Seemann ganz einfach geliebt, durch Konventionen ließ sie sich nie eingrenzen. Ihr Vertrauen sah sie am Ende mißbraucht, sie ging den Weg in die Resignation: eine uralte Geschichte.

Trotz ihrer Unabhängigkeit versuchte sie am Anfang, das Glück über die gemeinsam verbrachten Monate vor der Welt mit Geschick zu verbergen. Die Liebesgeschichte liest sich in ihren chilenischen Journalen wie ein kodierter Geheimdienstrapport zwischen den Zeilen. Ohne Versteckspiel und unmißverständlich steht sie dann später in den brasilianischen Tagebuchnotizen zu ihrem Schmerz und ihrer Mutlosigkeit, als sie sich allein gelassen sieht. Denn der Kriegsheld verhielt sich im privaten Bereich kleinmütig und zaudernd.

Beider Geschichte einordnen und verstehen setzt jedoch voraus, daß Thomas Cochrane, Marias südamerikanischer Mittelpunkt, zunächst einmal vorgestellt wird.

LORD COCHRANES GENIESTREICHE

Loup de mer nannte Napoleon respektvoll seinen gefährlichen Gegner. In den letzten Jahren des achtzehnten Jahrhunderts befürchtete England, von Napoleons Truppen besetzt zu werden. Zu jenem Zeitpunkt war die britische Admiralität als Befehlszentrale der Marine »korrupt bis ins Mark« (Cochrane), die Matrosen wurden kaum entlohnt, schlecht ernährt und von gesinnungslosen Vorgesetzten unnötig hart angefaßt oder grausam bestraft. Überall drohte Meuterei. Trotz dieser militärisch ruinösen Zustände gelang Nelson 1798 der Sieg über Napoleons Flotte am Nil. Die Gefahr einer Invasion war damit vorerst gebannt und Englands Macht im östlichen Mittelmeer gesichert.

Im selben Jahr kehrt der dreiundzwanzig Jahre alte Cochrane vom Dienst in Kanada nach Europa zurück und findet seine Bestimmung: Er wird der Marinestation Gibraltar als Offizier zugeteilt. Dieser Posten führt ihn kreuz und quer durchs Mittelmeer; 1799 trifft er in Palermo Horatio Nelson persönlich. Der hochdekorierte Admiral hatte gerade auf seinem Flaggschiff das Königspaar von Neapel sowie den dortigen britischen Geschäftsträger, Sir William Hamilton mitsamt Lady Emma, vor den anrückenden Truppen Napoleons nach Sizilien in Sicherheit gebracht. Die Hamiltons und Nelson wohnen als *ménage à trois* in einer fürstlichen Villa. Die glühende Liaison zwischen dem stürmisch verliebten Nelson und der umtriebigen Lady Hamilton ist damals in Europas guter Gesellschaft beliebtester Gesprächsstoff.

Nelson und Cochrane, die beiden berühmtesten britischen Seekämpfer, verstehen sich auf Anhieb. Von Nelson bekommt der Jüngere den Rat: »Vergessen Sie während eines Gefechts alle taktischen Manöver. Schlagen Sie sofort rücksichtslos zu.« Dank dieser Methode wird Nelson 1805 die Entscheidungsschlacht von

Trafalgar gewinnen, und Cochrane kommentiert später spitz: »Hätte Nelson verloren und überlebt, wäre er mit Sicherheit vor ein Kriegsgericht gestellt worden.«

Cochrane kommt früh zur Einsicht, daß mutige Ad-hoc-Entscheide in heiklen taktischen Situationen von der Dienstzentrale in London nicht geschätzt werden. Aber wie sein Vorbild Nelson läßt er sich von dräuenden Kriegsgerichten wenig beeindrucken.

Vorläufig aber beherrscht Frankreichs Erster Konsul immer noch die spanischen, französischen und italienischen Gewässer. In diesen Zonen findet Cochrane sein neues Wirkungsfeld: die Kriegspiraterie. Mit einer wendigen 158-Tonnen-Schaluppe, von ihm liebevoll *Speedy* getauft, kapert er mit einer tadellos eingespielten Besatzung von nur gerade vierundfünfzig Mann in dreizehn Monaten insgesamt fünfzig französische oder spanische Schiffe, mit Vorliebe reich beladene Handelsfregatten, erzielt großen Gewinn und macht fünfhundert Gefangene – zum Entsetzen Napoleons. Kein Kraut ist gegen den gerissenen Schotten gewachsen. Tagsüber bleibt er den Küsten fern, um sich bei Nacht blitzschnell an die gegnerischen Boote heranzupirschen und im Licht der ersten Dämmerung zuzuschlagen. »Er pirouettiert rund um die gefährlichen Kanonen herum, bis er die Schiffe ganz plötzlich entert«, schildert ein Augenzeuge die Taktik. Oder: Cochrane läßt eine Laterne in einen beschwerten Korb montieren und setzt das Ganze aufs Wasser. Nächtelang verfolgen die Widersacher das trügerische Licht, und hinter dem Rücken seiner Verfolger wagt er dann blitzschnell den Angriff. Natürlich muß er stets befürchten, daß sein kleines Schiff doch einmal aufgespürt wird. Um das zu verhindern, erfindet er einen Trick, der weit über hundert Jahre später in Seekriegen erneut Anwendung finden wird.

An der spanischen Küste entdeckt er zufällig eine harmlose dänische Brigg, die dort mit Waren unterwegs ist. Seine spontane

Idee: Warum nicht das eigene Schiff mit dänischen Farben tarnen? Sogleich läßt er den Rumpf rundum übermalen. Er heuert sogar einen dänischen Steuermaat an und steckt ihn in eine dänische Offiziersuniform. Im Detail steckt der Erfolg. Als dem Hasardeur kurz darauf dennoch ein Fehler unterläuft und er ein schwer bewaffnetes spanisches Kriegsschiff mit einer Handelsfregatte verwechselt, zum Kapern losfährt und den Irrtum zu spät erkennt, hißt er kurzerhand die dänische Flagge und begrüßt den Feind. Die Spanier, ungläubig, schicken Soldaten zum Schiff. Reaktionsschnell ersinnt Cochrane eine weitere List: Er läßt die Quarantänefahne hochziehen und ausrichten, er komme soeben aus Algier, wo die Pest wüte. Seine Besatzung war gerettet.

Als Cochrane dann doch einmal Pech hat und für kurze Zeit auf einem französischen Schiff in Gefangenschaft gerät, nimmt er an Bord ordnungsgemäß seinen Degen ab und übergibt ihn dem Kapitän. Der verweigert die Annahme der Waffe: »Ich nehme keinen Degen von einem Offizier, der so viele Stunden seines Lebens gegen das Unmögliche gekämpft hat.«

FINTENREICHER POLITIKER

Cochranes Wahl ins britische Unterhaus ist der vorläufige Endpunkt seiner Seemannskarriere. Die »zivilen Parasiten« in der Admiralität einerseits sowie die üble Sitte käuflicher Parlamentssitze andererseits waren dem Draufgänger seit langem schon ein Dorn im Auge. Er beschloß, sich als radikaler Reformer ins Parlament wählen zu lassen, und zog 1806 ins Unterhaus ein. Seine Wahl in einem kleinen Bezirk Devons strafte allerdings seinen Enthusiasmus für Rechtschaffenheit Lügen, hatte er es dort doch bereits früher schon einmal versucht und damals jedem Wähler, der sich nicht vom Hauptkandidaten hatte bestechen lassen und folglich für ihn stimmte, nachträglich zehn Guineen bezahlt. Jetzt, nach gewonnener Wahl, stiftete er dem ganzen Bezirk ein festliches Essen, dessen hohe Kosten er zehn Jahre später noch vor einem Gericht rechtfertigen mußte.

Dennoch hatte er als Abgeordneter nun mehrfach Gelegenheit, sich als mutiger Gegner der Korruption zu profilieren. Er forderte, daß Bestechungsfälle in der Regierung publik gemacht und Skandale öffentlich gebrandmarkt würden. Immer hatte er die Admiralität im Visier, wenn er auf erschreckenden Schlendrian – beispielsweise in der medizinischen Versorgung – hinwies: »Euch, die ihr hier bequem sitzt, tut das nicht weh. Aber ich sehe das in anderem Licht. Und wenn niemand hier besser qualifiziert ist, auf die Mißstände hinzuweisen, so muß ich es eben tun.« Auch beim größten Eklat zu seiner Zeit als Parlamentarier war die Admiralität mitbetroffen: Die Mätresse des Herzogs von York, des Oberbefehlshabers der Streitkräfte, hatte sich an Armeeaufträgen zu Land und zu Wasser persönlich bereichert und zeigte auch keine Scheu, höhere Ämter der *Church of England* für teures Geld zu verschachern.

Daß Cochrane 1813 wegen nie ganz geklärter Insidergeschäfte mit Staatspapieren von der Regierung der Prozeß gemacht wurde und er für ein Jahr im Gefängnis landete, gehört zu den Ungereimtheiten seiner Existenz. Immerhin erließ ihm der Prinzregent im letzten Moment die schmählichste Strafe, den Pranger. Als Napoleon später auf Elba von der Sache hörte, lautete sein Kommentar: »Dieser Mann hat niemals eine derart entwürdigende Vergeltung verdient.«

Cochrane ist siebenunddreißig und immer noch Junggeselle, als er zufällig im Hyde Park ein sechzehnjähriges Mädchen vorbeigehen sieht und sich schlagartig bewußt wird: »Das ist sie!« Sie heißt Katherine Corbett Barnes, und ihre Person bleibt laut Cochranes Biograf Ian Grimble »reichlich mysteriös«. Vermutlich stammte sie aus der Verbindung eines englischen Geschäftsmanns mit einer spanischen Tänzerin. Sie selbst bezeichnete sich als »Waise, erzogen von Verwandten«. Erwiesen ist, daß Cochranes Familie nicht eben entzückt war und die Heirat zu hintertreiben suchte. Kurzentschlossen stürmte Cochrane mit seiner blutjungen Braut in einer Nacht-und-Nebel-Aktion nach Schottland, heiratete sie heimlich im erstbesten Dorf jenseits der Grenze nach selbst entworfenem, schottischem Ehevertrag und mit zwei Bedienten als Zeugen, ließ die Sechzehnjährige nach der Unterschrift auf dem Trauschein im Norden allein und fuhr noch am selben Abend nach London zurück, um zur Hochzeit eines Erbonkels nicht zu spät zu kommen.

Ein schlechter Ehestart. Viele Jahre später schrieb ihm die Ehefrau: »Ich kann mir nicht anders helfen, ich muß Dich informieren, daß ich nicht aus Stein bin.«

Die beiden haben vier Söhne und eine Tochter. Daß die fünf Kinder für Kitty – wie alle sie nennen – nicht den einzigen Lebensinhalt bedeuteten, ist ihr, die immer wieder zurückgelassen oder auf abenteuerliche Reisen mitgeschleppt wird, kaum anzukreiden. Pferde stehlen jedoch, wie er es sich wünscht, kann der Ehemann mit dieser Frau allerdings nie. Sie entwickelt sich nicht nach seiner Vorstellung. Ihre Welt ist die mondäne Gesellschaft, sie verschwendet viel Geld für Äußerlichkeiten, gibt gerne Empfänge im stilvollen Londoner Haus, ist mit Zahlungen dauernd im Rückstand, flieht schließlich die Heimat und lebt in Frankreich.

Schuldzuweisungen sind in der von Anfang an brüchigen Beziehung fehl am Platz. Kitty schreibt mit fast sechzig an ihren Sohn: »Über vierzig Jahre lang bin ich nun Deines Vaters Frau. [...] Schau doch das Resultat! Schau, in welches Elend dieses furchtbare und unprofitable Leben führte.« Und ihrem Mann sagt sie: »Es tut mir leid, daß ich Dir nie Glück und Zufriedenheit brachte.« Cochrane seinerseits beklagt die zunehmend »neurotische Verfassung« seiner Frau und gibt einem der Söhne den Rat: »Laß Dir von Deiner Frau das Leben ja nicht verschandeln durch fortwährendes Gezänk und Vorwürfe.«

Geldsorgen sind die eine Seite der Medaille, Cochranes Unrast die andere. Chile, Peru, die Befreiung Griechenlands – überall ist er dabei. Am liebsten hätte er als alter Mann noch die britische Flotte in den Krimkrieg geführt. Zwischen allen Einsätzen arbeitete er hektisch an seinen Erfindungen: Kriegsmaschinen, Giftgas, Wachskerzen, Schiffsschrauben, Propellerantriebe, Asphaltbelag für Straßen sind seine Spezialitäten. Sie bringen Anerkennung, aber meist keinen Profit. Der Schriftsteller Anthony Trollope urteilte über Cochrane: »Lord Dundonald gehört zu jenen Männern, die geboren werden, Großes zu leisten, aber andere fahren die Ernte ein.«

Die Ehe ist zerstört: Von Beginn an hatte sie keine Chance.

CHILE

1817 vereint der Chilene Bernardo O'Higgins seine Truppen mit der Armee des argentinischen Befreiungshelden José de San Martín. Beider Fernziel ist die Unabhängigkeit Perus, aber zuallererst müssen sie die Südflanke, Chile, gesichert wissen. Mit dreitausend Infanteristen, tausend Pferden, Artillerie und dem Troß ziehen die beiden rebellierenden Generäle über fünftausend Meter hohe Andenpässe nach Santiago und bezwingen die Spanier in einem Überraschungscoup. O'Higgins ruft die Unabhängigkeit aus und wird zum Chef der neuen Regierung Chiles ernannt. Zu Land hat er vom Feind nun nichts mehr zu befürchten, als gefährlich schätzt er die Spanier aber auch jetzt noch zur See ein. O'Higgins kennt die Verwundbarkeit Chiles entlang seiner Tausende Kilometer langen Küsten. Nur der beste Seemann scheint ihm gut genug, dem Land in dieser Lage beizustehen. Er schickt einen Boten zu Cochrane nach England mit der Offerte, als Admiral die Seestreitkräfte Chiles – insgesamt sieben Schiffe – zu kommandieren. Für Cochrane kommt die Anfrage exakt zum richtigen Zeitpunkt. Als Politiker fühlt er sich ausgelaugt, seiner Seemannskarriere hat er stets nachgetrauert. Daß der Auftrag in Anbetracht der starken spanischen Flotte kein Kinderspiel ist, weiß er von Anfang an. Noch vor der Abreise sucht Cochrane in England nach Lösungen, die Spanier endgültig aus dem Pazifik zu vertreiben. Sein Plan ist so kühn wie finanziell halsbrecherisch. Auf eigene Kosten gibt er den Bau eines Dampfschiffs in Auftrag, des ersten, das in den Pazifik einlaufen soll. Seiner Einschätzung nach müßte der Dampfantrieb als moderne Technik den alten Piratenkampf beflügeln, und die Chilenen würden ihm als Erfinder dieser technischen Kriegslist bestimmt dankbar den Aufwand zurückbezahlen.

Weil aber der Bau eines Dampfers eine Weile dauert, beauftragt Cochrane einen seiner Brüder, das Wunderwerk zu gegebener Zeit über den Atlantik zu steuern. Zum Kriegseinsatz in Chile kommt das Boot mit dem klingenden Namen *Rising Star* allerdings nie. Mit einem Verzug von vier Jahren umrundet es dann schließlich doch noch Kap Hoorn. Maria Graham wird später die Ehre zuteil, als erste Passagierin an Bord zu gehen. Beim Anblick der neuen Technik ist sie überwältigt:

Sofort ging ich in den Maschinenraum hinunter und sah mir die beiden Dampfantriebe an, jeder mit fünfundvierzig Pferdestärken! Es war keine Kleinigkeit für mich, das erste Dampfschiff auf dem Pazifik zu betreten. Mit Begeisterung dachte ich an den Triumph des Menschen über alle Hindernisse, welche die Natur zwischen ihn und seine Kreativität legt.

Auf Rückerstattung der Gelder wartete Cochrane vergeblich.

Noch aber ist es längst nicht so weit. Erst einmal landet der designierte Admiral zusammen mit seiner Frau und zwei Kindern im November 1818 in Valparaíso und wird mit Pomp empfangen. Zuvor hat er in England mit Blick auf seine Tätigkeit in einem katholischen Land noch schnell die kirchliche Trauung nach katholischem Ritus nachgeholt und damit den Lästermäulern die Munition geliefert, er sei vorher gar nie wirklich verheiratet gewesen.

Mit O'Higgins versteht sich Cochrane auf Anhieb, schwieriger gestaltet sich der Kontakt zum Volkshelden San Martín. Beide Männer trauen sich nicht über den Weg, jeder fürchtet Macht und Einfluß des anderen, jeder mutmaßt Konspirationen, vergiftet gezielt das Klima der Zusammenarbeit und bedroht den Erfolg ihrer gemeinsamen Unternehmungen. Lady Cochrane schreibt rückblickend an ihren Mann: »Du hast stets das Pech gehabt, Schurken Deine Freundschaft anzubieten.«

Cochranes militärische Bemühungen während sieben Jahren in Chile, Peru und zuletzt Brasilien – stets im Dienst der Befreier oder zur Stabilisierung der Unabhängigkeit – lassen sich in puncto Waghalsigkeit nicht vergleichen mit seinen extravaganten früheren Einsätzen im Mittelmeer. Das Ziel, die spanische Flotte aus dem Pazifik zu drängen, hat der Admiral zwar weitgehend erreicht, aber oft mehr durch Zufall als durch strategische Planung. Wichtigste Erschwernis ist der chronische Geldmangel. Die Auftraggeber bezahlen nicht oder allenfalls in Raten. Als Befehlshaber ist Cochrane deshalb gezwungen, auch im Pazifik Handelsschiffe mit Gold- oder Silberfrachten zu kapern, um die Matrosen entlohnen zu können. Fehlen ihm Waffen oder Schießpulver, wagt er riskante Überfälle auf feindliche Munitionsdepots. Einmal plündern seine Leute aus Verzweiflung sogar eine Kirche in einem Dorf an der

Küste. Peinlich berührt erstattet Cochrane dem Sprengel später das Geld zurück.

Es gelingt ihm als Admiral in südamerikanischen Diensten nicht – wie damals während der napoleonischen Kriege – einen gut funktionierenden Spionagering aufzubauen, er kennt weder Mentalität noch Sprache der Region. Entmutigt entschließt er sich nach sieben Jahren Einsatz, einem Ruf nach Griechenland zu folgen und dort in den Befreiungskriegen mitzukämpfen.

Cochranes Biograf Ian Grimble versucht, diesen Entscheid des Fünfzigjährigen zu deuten: »Der rastlose Odysseus, Erfinder des hölzernen Pferdes, sucht ein neues Troja. Aber er tut diesen Schritt unüberlegt, verkrampft, und während der folgenden Monate ist er hin- und hergerissen zwischen freudiger Erregung und Verzweiflung, den Symptomen manischer Depression. Der kühne Anführer ist sich nicht mehr sicher, ob er seinen Weg nicht verloren hat.«

MARIA UND DER ADMIRAL

Valparaíso: ein regnerischer Tag Anfang Juni 1822. Maria Graham sitzt beim Frühstück, als ein paar Kinder an die Tür klopfen und schreien:

»Señora, er ist da! Er ist da!«

»Wer ist da?«

»Unser Admiral. Unser großer Admiral. Kommen Sie zur Veranda, dann sehen Sie die Flaggen überall an den Häusern.«

Wirklich sind an allen Türen chilenische Fahnen befestigt, um Cochranes Rückkehr von einer erfolgreichen Seeschlacht zu feiern. Im Hafen sieht Maria von weitem sein Schiff vor Anker, die *O'Higgins*. »Ich bin froh über seine Ankunft«, schreibt sie, »weil ich den alten Bekannten unbedingt treffen will. Er allein hat den Einfluß, einiges hier wieder ins Lot zu bringen und drohenden Schaden abzuwenden vom neuen chilenischen Staat und der ganzen südamerikanischen Unabhängigkeit.« Dabei denkt sie an die unumschränkte Herrschaft, wie sie O'Higgins in Chile und San Martín in Peru anstreben.

Kurze Zeit später steht Cochrane leibhaftig vor ihr im Haus eines englischen Bekannten:

> Er sieht viel besser aus als früher in England, auch wenn ihm die Anstrengung und Unruhe seines Lebens ins Gesicht geschrieben stehen. Hübsch ist er nicht, aber er hat einen Ausdruck, der dazu zwingt, ihn wieder und immer wieder anzusehen. Wie schmerzte doch mein Herz beim Gedanken, daß unser Land eine solche Perle weggeworfen hat! Aber immerhin wird es England zur Ehre gereichen, wenn er in ferner Zeit einmal zu den chilenischen Hausgöttern zählen wird.

Als erstes will Maria von ihm wissen, wie sich der undurchsichtige San Martín als Regierungschef des befreiten Peru verhält. Vom diskreten Cochrane erfährt sie nichts über den Widersacher, aber die Offiziere plaudern: »San Martíns Regierungsführung ist derart despotisch und tyrannisch, derart befleckt mit Grausamkeit, daß man sie nur mit der Tollheit des russischen Zaren vergleichen kann.«

Nur wenige Wochen zuvor hatte der amerikanische Kongreß die Unabhängigkeit der spanischen Kolonien Mexiko, Kolumbien, des damaligen Staates Buenos Aires, Peru und Chile anerkannt, allerdings noch ohne diplomatische Beziehungen aufzunehmen. Maria begrüßt den Entscheid und ist der Ansicht, daß die Nordamerikaner nach ihrer Loslösung von England eigentlich die natürlichen Geburtshelfer der Freiheit ihrer südamerikanischen Brüder seien. Anders als die politisch skeptischere Flora Tristan zehn Jahre später, die zwischen Nord und Süd des Kontinents klare

Wertelinien zieht, neigt Maria Graham zuweilen zu verblüffendem Optimismus.

Cochrane ist beim Zusammentreffen mit Maria allein, ohne seine Familie in Valparaíso. Bereits ein Jahr zuvor war die Lady mit den Kindern von Peru aus nach England zurückgesegelt. Sie weigerte sich, »in diesem Land der Fremden und der Schurken auszuharren«, wie in einem ihrer Briefe an den Ehemann zu lesen steht, und sie schließt die Epistel mit der Bemerkung, daß sie sich ja oft genug von ihm habe trennen müssen, ohne auf seiner Seite je den geringsten Kummer wahrzunehmen.

Bald ist Maria regelmäßiger Gast auf Cochranes Landgut in Quintero, mehr als fünfzig Kilometer von Valparaíso entfernt. Er hat das Grundstück von der Regierung geschenkt bekommen und ist dabei, sich ein Haus zu bauen. Maria kümmert sich um die Planung des Gartens, pflanzt Erdbeeren, Fruchtbäume, aquarelliert das Anwesen rundum von allen Seiten. Gemeinsam schmieden sie große Pläne: die Einführung moderner Agrarwirtschaft in ganz Chile oder die Verwirklichung des originellen Vorhabens, der gesamten zerklüfteten chilenischen Küste mittels kleiner Warenboote von verschiedenen Zentralen aus die Versorgung mit Lebensmitteln zu garantieren. Cochrane und Graham – unter ihren Füßen als einzig sicheren Boden die Tradition ihrer schottisch-aristokratischen Herkunft – fühlen sich gemeinsam stark, sind aufeinander angewiesen, vertrauen in ihrer schwierigen persönlichen Lage auf gegenseitiges Verständnis.

PARADIES AUF ZEIT

Die Entfernung von Marias Haus nahe Valparaíso nach Quintero ist damals nicht an einem Tag zu bewältigen. Sie unterbricht die Reise gewöhnlich zweimal: bei chilenischen Freunden auf der Hazienda *Viña del Mar* und auf einem Landgut englischer

Bekannter. Ihre Schilderungen einsam gelegener, verwunschener Anwesen inmitten prächtiger Gärten und Weiden, ihre Erinnerungen an abendliches Tafeln auf Veranden mit Blick weit über den Pazifik – bevor sie dann anderntags in den abgeschiedenen, sandigen Hügeln rund um Cochranes Besitz ankommt – machen neugierig auf diese Landschaft.

Die Küstenstraße von Valparaíso nach Norden ist dicht befahren. Links gegen das Meer hin Diskotheken, Restaurants, Läden. Rechts entlang den Hügeln stehen dicht gedrängt Hochhäuser, eine Festung klebt an der andern und allesamt sind sie – den Prospekten der Baufirmen zufolge – garantiert erdbebensicher: verwegene Disney-Architekturen, bestückt mit Feriendomizilen für betuchte Städter. Von türmchenbewehrten, überdimensionierten Märchenschlössern auf Stelzen in Wasserteichen ruhend bis zur hochragenden Postmoderne wird jeder Geschmack bedient. *Viña del Mar*, der einstmals einsam gelegene Landsitz, gleicht aufs Haar einer spanischen Bettenburg am Mittelmeer. Stolz erklärt uns der Fahrer, dies sei die ausgedehnteste und meistbewunderte *Playa* in ganz Südamerika. Die weithin braungelbe Farbe des Meers läßt auf fehlende Kanalisation schließen.

Nach etwa vierzig Kilometern lichtet sich der Beton allmählich, Reklametafeln für geplante weitere Luxussiedlungen säumen den Wegrand. Endlich wird die flache Dünenlandschaft sichtbar: Zwischen Pinien und niedrigen Gebüschen weiden im sandigen Boden dem Meer zu Pferde und Kühe.

Nach einer knappen Stunde Fahrtzeit die Halbinsel Quintero, das Paradies der beiden. An welcher Stelle das Landhaus des Admirals stand, ist nicht mehr auszumachen. Die weichen Hügel im Hintergrund bilden die ersten Treppenstufen der Küstenkordilleren. Entlang eines kleinen Fischerhafens, derzeit noch ohne jeden Anflug von Massentourismus, balgen sich einige Hunde um

Fangabfälle. Auf großen Steinen im seichten Uferwasser hockt ein Trupp dunkelbrauner Pelikane. In der kleinen Kneipe gibt es Fisch und Muschelgerichte. Hier wird Maria lebendig. Man sieht sie zusammen mit Cochrane in den Dünen Pflanzen sammeln – damals, bevor sie beide von Chile und voneinander Abschied nehmen mußten.

HELDEN ALS TYRANNEN

Cochrane ist unter den ersten Gästen, die Maria nach ihrer Rückkehr aus Santiago in Valparaíso besuchen: »Ich war besonders geschmeichelt, daß er zum Tee blieb.« Doch vorher müssen sich alle geduldig einer für die Gegend typischen Zeremonie fügen. Die Hausherrin ruft ihren Stallknecht, damit er mit dem Lasso eine Kuh einfange, um sie für den Teetisch vor den Augen der Besucher zu melken.

Während des Teegesprächs ist der Admiral einsilbig. Erst als beide allein sind, beklagt er sich über die rasche Verschlechterung der Beziehung zu O'Higgins. Der Regierungschef zahlt nicht, Cochrane hat kein Geld, die Matrosen zu besolden. Die meutern und stecken die Landstreitkräfte an. Die Situation ist prekär, Cochrane erwartet jederzeit ein erneutes Aufflammen des Bürgerkriegs. »Wir sind so wenige Europäer hier«, klagt Maria, »und alle sprechen immer über dasselbe: den unfähigen O'Higgins, die Ungerechtigkeit, die Meutereien, die drohende Rückkehr der spanischen Royalisten.« Ihre Notizen deuten an, wie sehr sie sich nach Normalität sehnt, wie die Unsicherheit sie erdrückt, und auch, wie sie die Gegenwart Cochranes beunruhigt. »Am besten ist es, wenn ich mit dem Schlimmsten rechne, in jeder Beziehung«, schreibt sie und reinigt vorsichtshalber ihre Pistole. Die Munition legt sie neben dem Bett bereit.

Ohne Vorankündigung landet während dieser politisch heiklen

Wochen der große *Libertador*, General San Martín, in Valparaíso, Cochranes Gegenspieler und bis vor kurzem Schirmherr über das befreite Peru. Wegen Querelen in den eigenen Reihen und unbedachter Personalentscheidungen hatte San Martín bei der Bevölkerung jedoch bald alle Unterstützung verloren und fürchtete in Lima um sein Leben. Einiges Geld hatte er bereits beiseite geschafft, auf ein Schiff gebracht und war fluchtartig nach Süden gesegelt. Als Ausrede gibt er in Valparaíso an, er müsse seinen Rheumatismus in chilenischen Bädern kurieren. Maria kommentiert ungerührt: »Schön wäre es, einem Mann zuzugestehen, daß seine Argumente stimmen. Aber wenn einer Straftaten begangen hat, wird er eben anders beurteilt.«

Kaum angekommen, wird San Martín noch am Hafen verhaftet wegen der Menge des Goldes, die er mitführt. Gold des peruanischen Volkes. Am selben Tag schon kommt er aber wieder frei; weshalb, berichtet Marias Journal nicht. Die rasch erfolgte Begnadigung durch O'Higgins muß wohl als bezeichnender Pakt zwischen zwei gleichgesinnten Chefs interpretiert werden.

VERBINDUNGSFRAU

Ausführlich berichtet Maria von ihrer persönlichen Begegnung mit San Martín. Sie zergliedert den Mann messerscharf und überliefert damit ein seltenes, spontan gezeichnetes Charakterbild des zwielichtigen Helden.

Abends nach den sich überstürzenden Ereignissen – Verhaftung und Freilassung San Martíns – findet sie endlich die Muße, allein auf ihrer Veranda zu sitzen. Plötzlich hört sie Lärm und sieht sich unversehens einem Troß von Honoratioren gegenüber: dem Bürgermeister von Valparaíso mit Gemahlin und Tochter, mehreren Obersten, Generälen, dem Hafeninspektor und weiteren ihr unbekannten Größen.

Es war nicht einfach, Stühle zu finden für so viele Leute in meinem engen Haus von sechzehn Quadratfuß und einem Durcheinander von Büchern und sonstigen Dingen, die der Behaglichkeit einer Europäerin dienen. Als alle schließlich ihren Platz hatten, fand auch ich endlich Zeit, mich hinzusetzen und das seltsame Geschehen rund um mich herum zu beobachten.

Der Bürgermeister stellt ihr einen großgewachsenen Mann mit feinen Zügen vor, ganz in Schwarz gekleidet: General San Martín.

Er hat etwas Eigentümliches in den dunklen, rastlosen Augen. Für einen Moment lang fixiert er scharf einen Punkt, um sofort weiterzuschweifen. Aber dieser Moment drückt alles aus. Zugegeben, sein Gesichtsausdruck ist eindeutig schön, sprühend und intelligent – aber: nicht offen. Er spricht hastig und schnell, die Themen oft verdunkelnd, benutzt viele Kunstgriffe und Beiwörter, hat einen enormen Redefluß und die Bereitschaft, sich über alles und jedes auszulassen.

Zwischendurch macht Maria deutlich, daß sie es aus Diskretion eigentlich nicht schätzt, private Gespräche wiederzugeben. Aber im Fall San Martín handle es sich immerhin um eine öffentliche Figur, deshalb die Ausnahme.
Die Gruppe bespricht Regierungsangelegenheiten, und da stellt sie konsterniert fest, daß die Ansichten des Befreiers von Peru weit entfernt sind von Klarsicht oder Entschiedenheit:

Sein Denken ist ängstlich, seine Unentschlossenheit hindert ihn daran, entweder mutig auf Freiheit zu setzen oder unverschämt den Despoten hervorzukehren. Sein Wunsch, sich als Retter zu gebärden, und gleichzeitig der Wille, als Tyrann zu herrschen, kontrastieren deutlich in seiner Rede. Im übrigen ist er weder belesen, noch wirkt sein Geist eigenständig. Entsprechend zitiert er ständig Autoren, die er allenfalls zur Hälfte kennt, und noch von dieser Hälfte hat er kaum etwas mitbekommen.

Religion ist ein weiteres Thema der Runde. Maria wundert sich, daß unter ihren Gästen offensichtlich die Meinung vorherrscht, die Religion sei einzig den Priestern und dem primitiven Volk zu überlassen – im Sinne eines Triebwerks der Staatsmaschine –, während der weise Mann darüber nur lache.

Wenn ich über San Martíns Taten nachdenke, müßte er tatsächlich ein Atheist sein. Aber vielleicht bin ich zu streng mit ihm. Seine Schläue hat ihn wohl gelehrt, die Absurdität des römisch-katholischen Glaubens zu durchschauen. Denn hierzulande tritt der Aberglaube in all seiner Nacktheit und Häßlichkeit auf und ist nicht überglänzt von elegantem Pomp wie in Italien.

Sie kommt zum Schluß, daß es viel schwieriger sei, das römisch-katholische System abzuschütteln als das protestantische. Aber wenn die Loslösung einem Katholiken schließlich gelänge, dann lande er unweigerlich in grenzenlosem Skeptizismus. Und genau da sieht sie San Martín.

Überrascht ist sie von seiner Kenntnis der Vergangenheit Perus. Er zeigt sich gut informiert über einige der präkolumbianischen Kulturen, hat sich sogar selbst um Ausgrabungen gekümmert und kennt den Wert der Funde.

Maria will von ihm hören, wie er die politische Lage im angeblich befreiten Peru beurteilt. San Martín fühlt sich in die Enge getrieben und versucht sich herauszureden. Wie seinerzeit Harun al Raschid, erzählt er sichtlich nervös, sei er häufig verkleidet in Kaffeehäuser oder Geschäfte gegangen, habe die Leute über sich reden hören und gibt sich überzeugt, er habe ihnen das Glück gebracht und dürfe sich jetzt Ruhe gönnen. Ruhe in der Gewißheit seines ungebrochenen Einflusses, denn ihm gehöre im Moment das Banner Pizarros, des Bezwingers der Inka.

Das Banner des ersten Eroberers: In jedem Krieg seither ist es mitgetragen worden, in Kriegen zwischen Spaniern und Einheimischen wie auch zwischen rivalisierenden spanischen Granden. Und San Martín sagt wörtlich: »Der Besitz der Fahne bedeutet Macht und Autorität. Und mir gehört jetzt das Banner.«

»Alles in allem«, zieht Maria den Schluß, »hat San Martín mich wenig beeindruckt.« Seine Ideen findet sie eng und selbstbezogen. Außer ihm sei kaum jemand zu Wort gekommen. Vielleicht habe er ein Gran Begabung, und davon mache er geschickt Gebrauch, er kenne ganz einfach *l'art de se faire valoir* – wie auch sein Vorbild Napoleon.

Als die hereingeschneiten Gäste endlich gegangen sind, wird ihr sofort bewußt, welches Ziel der Besuch verfolgte: »Auch wenn mein Bericht über seinen Auftritt hier ihm nur ein Quentchen Wohlwollen bringt, war ihm das den großen Aufwand offensichtlich wert. Tatsache ist, daß San Martín sich heute abend in meinem Haus für einen anderen zur Schau stellte ...«

Die Notabeln in Valparaíso wußten genau, an wen sie sich wenden mußten, um bei Cochrane Gehör zu finden. Der vermied jede Begegnung mit San Martín.

Um seine politischen Ziele dem Admiral noch deutlicher zu übermitteln, schickt San Martín anderntags an Maria persönlich eine Abschrift seines letzten Appells ans peruanische Volk, betitelt »Abschied von Peru«. Der Text, hier gekürzt zitiert, bestätigt teils die von Maria konstatierte Unentschiedenheit des Revolutionärs, beweist aber ebenso sein Kalkül. Einerseits wünscht San Martín als Militär offiziell abzutreten, andererseits liebäugelt er als »Zivilist« bereits erneut mit dem Präsidentenamt:

> Ich war zugegen bei der Deklaration der Unabhängigkeit Chiles und Perus. Die Standarte, die Pizarro trug bei der Unterwerfung der Inka, ist jetzt bei mir. Ich habe aufgehört, ein Mann der Öffentlichkeit zu sein, und die Fahne ist mein Entgelt für zehn Jahre Revolution und Krieg. Meine Versprechen an beide Länder, ihnen die Unabhängigkeit zu geben, sind erfüllt. [...] Die Gegenwart eines Soldaten erübrigt sich heute in diesen jungen Staaten. Deshalb bin ich entsetzt, wenn ich die Unterstellung höre, ich wolle immer noch herrschen. Aber: Ich stehe jederzeit bereit, auch noch ein letztes Opfer für die Freiheit zu bringen, allerdings nur im Rang eines Zivilisten und nicht mehr als Soldat.
>
> Peruaner! Ich hinterlasse euch einen nationalen Staat. Wenn ihr Vertrauen habt, singt seine Hymne. Wenn nicht, wird euch die Anarchie verschlingen.

UNRUHE

Maria lebt nun ganz auf Cochranes kleinem Landsitz. Ihre Hauptbeschäftigung ist Zeichnen: das Haus, die Landschaft, den Garten. Der Hausherr hat ihr eine Steindruckpresse installiert, und sie freut sich, daß sie vermutlich als einzige in Chile, wenn nicht auf der ganzen Westseite Südamerikas, Lithographien produzieren kann. Das Gut liegt nahe einer kleinen Bucht, Maria genießt die Schönheit des Landstrichs: »Ich saß nach Sonnenuntergang auf der Terrasse, und erstmals seit meiner Ankunft in Chile sah ich Blitze. Sie spielten unablässig über den Anden, bis bei tiefer Nacht dann ein ruhiges Mondlicht der Unruhe ein Ende setzte.«

Der Friede dauert kurz. Eines Abends wird das Haus von einem heftigen Schlag erschüttert, begleitet von dumpfem Lärm »wie bei einer Minenexplosion«. Cochranes Gäste stürzen zur Veranda, können aber die Stufen nicht mehr erreichen:

> Die Erschütterungen wurden so stark, daß die Hauswand hinter uns zusammenbrach. Wir fühlten uns wie bei Sturm auf hoher See. Das Ganze dauerte drei Minuten lang. Nie werde ich dieses Erdbeben vergessen. Das Vieh brüllte, ich hörte das Kreischen der Meervögel die ganze Nacht durch, die Luft stand vollkommen still, und doch wankten die Kronen der Bäume und bogen sich bis zum Boden. Mit Mühe eilte ich durch die ineinander verschachtelten Möbel in den Zimmern, holte mein Bettzeug ins Freie.

Stets die Erwartung, das Beben klinge ab, aber immer folgen neue Stöße. Am Morgen die Kunde, daß sämtliche Gehöfte und Dörfer rundum, ja sogar Valparaíso völlig zerstört seien. Tagelang dauern die Beben an, mal stärker, mal schwächer. Bewohner und Bediente des Guts leben gemeinsam mit Flüchtlingen aus der Nachbarschaft in Zelten, am Strand entlang aufgestellt. Aussichtslos ist der Kampf gegen den Sand, der ihnen wie bei einem Wüstensturm von allen Seiten ins Gesicht bläst. Zunächst aber liebt Maria »dieses wilde Leben, wo alles dem Zufall überlassen bleibt und die Neugier, wie es weitergeht, täglicher Ansporn ist«.

Das Unmögliche zu bewältigen, sich selbst auf die Probe zu stellen, war ihr stets Anreiz. Bis sie – mitten in diesem tagelangen Schütteln – unvermittelt und ohne Vorwarnung von Cochrane erfährt, daß er weg will. Er hat ein Angebot des Kaisers von Brasilien, dort die Flotte zu übernehmen. Maria ist wie vor den Kopf gestoßen, verliert jeden Halt: »Die Erdstöße unter mir, der Bürgerkrieg rund um mich herum, und mein einziger, wirklich mein absolut einziger Freund hier entschlossen, für eine Zeitlang wegzuziehen, das ist zuviel«, schreibt sie im Dezember 1822. Am Weihnachtstag erfolgt der schlimmste Stoß der ganzen Erdbebenserie, und am selben Tag noch trifft Chile ein politisches Beben: O'Higgins muß zurücktreten. Maria ist bedrückt und verzweifelt wie selten zuvor, ihre Zukunft erscheint ihr ohne Perspektive.

»Da trat Cochrane zu mir und bat mich liebevoll um meine Aufmerksamkeit. Bald segle er weg von diesem Land, und es erleichtere sein Gemüt, wenn ich ihn nach Rio begleite. Er könne die Witwe eines britischen Offiziers unmöglich hier am Strand allein zurücklassen.«

Nach kurzer Bedenkzeit erklärt Maria sich einverstanden. Sie wird mit dem »einzigen Freund« nach Brasilien segeln. Entschlossen packt sie Hab und Gut, bringt ihre Siebensachen aufs Schiff: »Die Schreiner nageln unsere Kisten zu, Matrosen schneiden Lederriemen, um sie zusammenzuhalten, Cochranes Sekretäre schreiben letzte Berichte, Besucher kommen und gehen, nehmen Abschied.«

Sie scheut sich nicht, ganz zuletzt noch ihre Verstimmung, ihren Ärger auszudrücken, daß Cochrane in Chile zu wenig geschätzt worden war: »Ce n'est pas tout d'être aimé; il faut être apprécié« (»Es reicht nicht aus, geliebt zu werden, man muß auch geschätzt sein«), bemerkt sie vieldeutig und bitter, »aber ich kenne kaum jemanden hier, der fähig wäre, ihn wirklich zu achten. Und so sind auch alle diese Abschiedsbesuche eine Farce, seiner total unwürdig.«

Die Segel sind gehißt, das Schiff ist zur Abfahrt bereit. Ein letztes Mal gehen Maria und Cochrane dem Strand entlang:

Vermutlich werde ich diesen Fleck Erde, wo ich trotz vielem Leid auch viel Freude und Glück erlebte, nie mehr wiedersehen. Wir sammelten zusammen allerhand Samen und Wurzeln ein, die ich in meinem eigenen Land einmal wachsen sehen möchte als Erinnerung an eine Zeit, in der ich unvergeßliche Aufmerksamkeit und Gastfreundschaft erfuhr.

Ein Salut aus der Schiffskanone böllert über das Deck, Lord Cochrane nimmt von einem Offizier die zusammengefaltete chilenische Admiralsflagge in Empfang, jene Fahne, die ihn »häufig zu Siegen und stets zu Ehren führte« – wie Maria bewegt feststellt. »Alsdann verschwindet Quintero rasch hinter uns.«

Operettenputsch

Flora Tristan weiß genau, wem sie ihre Vorstellungen bestmöglicher südamerikanischer Regierungspolitik verdankt: Simón Bolívar. Als kleines Kind hat sie auf seinem Schoß gesessen. Der berühmteste lateinamerikanische Befreiungsheld, Sproß einer reichen Kreolenfamilie aus Venezuela, war mit Floras Vater eng befreundet gewesen und während seiner Pariser Jahre häufiger Gast der Familie. Daß er es wagte, damals während eines Dîners in einem Kreis Hochgestellter Napoleon öffentlich anzugreifen und einen Skandal zu provozieren, ist Floras liebste Erinnerung an Bolívar: Mit Stolz berichtet sie die Episode:

> Die ehrenwerten Damen und Herren schrien sämtlich durcheinander. Mitten im Tumult war immer wieder die sonore Stimme Bolívars zu hören, der Bonaparte bezichtigte, die Sache der Freiheit verraten zu haben, sich zum Tyrannen aufzuschwingen und die Rechte des Volks mit Füßen zu treten. Als willfährige Schergen ihres Herrn bezeichnete er die französischen Revolutionssoldaten und machte sich lustig über ihren Versuch, die neue Napoleonsreligion mit aufgepflanztem Bajonett zu verbreiten.

Bolívars politische Ideale blieben für Flora Vorbild, und seine Zivilcourage stachelte sie an, es ihm gleichzutun. Daß auch er später als Nachfolger San Martíns in Peru die Rechte des Volks mit Füßen trat – dazu hat sie sich nie geäußert.

Und nun also ist sie es selbst, die in Arequipa mitten im Revolutionsgerangel sitzt, die Ungereimtheiten einer peruanischen Befreiungsschlacht beobachtet und damit aus nächster Nähe erfährt, wie sehr die Reibereien politischer Gegner demokratische Ziele aufs Spiel setzen. In ihrer geharnischten Reportage über den militärischen Aufmarsch vermischen sich Scham und Spott, Schadenfreude und Schmerz.

TOTE AUS HABSUCHT

Trotz der offiziellen Unabhängigkeitserklärung Perus im Jahr 1821 leidet das Land ein Jahrzehnt später immer noch unter den Dauerrivalitäten der politischen Führungskasten. 1834, als Flora im Haus des Onkels sitzt, brechen in Lima erneut Kämpfe aus. Ein Bote bringt die Hiobsbotschaft nach Arequipa ins Palais der Tristán: »In der Hauptstadt findet ein schreckliches Massaker statt.« Flora fragt nach dem Grund. »Ach wissen Sie«, so die Antwort von Don Pío, »oft behaupten in Peru fünf verschiedene Leute, der rechtmäßig gewählte Präsident zu sein. Und wenn sie sich nicht einigen, wird eben gemordet. Danach putscht sich eine neue Regierung hoch, und immer sind wir es, die unglückseligen Wohlhabenden, die von den jeweiligen Rebellen zur Kasse gebeten werden.«

Die Nachricht setzt Arequipa sogleich in Aufruhr. Auch hier droht, von der Hauptstadt ausgehend, die Gefahr eines Gemetzels. Verängstigt versammelt sich das Volk vor der Kathedrale, während die Damen im Haus Tristán ruhig die Asche von ihren Zigarillos schnippen und diskutieren, ob das Familienoberhaupt nun für die Angreifer oder die Angegriffenen oder für beide zahlen werde.

Die Provinzregierung beschließt feierlich die Unterstützung eines ihr genehmen Kandidaten in Lima sowie den militärischen Einsatz gegen mögliche Querschläger.

»Das große Ereignis der Selbständigkeit hat alle getäuscht«, empört sich Flora angesichts der politischen Selbstzerfleischung. Sie wagt sich auf weltpolitisches Glatteis und bezichtigt vor allem England, stets wieder in den Feuern der Unruhe zu stochern. Sie gibt sich überzeugt, daß Großbritannien aus handelspolitischen Erwägungen riesige Summen in den südamerikanischen Freiheitskampf gesteckt habe und nun mit dem schleppenden Verlauf der Revolution unzufrieden sei.

Sie glaubt, daß der Entscheid, das spanische Joch abzuschütteln, nie einer Sehnsucht des Volks nach Freiheit entsprungen war. Was sollten die Leute mit dieser Freiheit auch anfangen? Das Machtwort sprachen wenige Begüterte. Und jetzt, wo die Unabhängigkeit erreicht sei, werde weiterhin gegen Spanien gehetzt, einzig, um englische Handelsvorrechte zu schützen.

Daß Großbritannien seinen merkantilen Interessen weltweit stets oberste Priorität einräumte, ist kein Geheimnis. Mehr als fünfzig Jahre später wird Brasilien England ähnlicher Ränkespiele bezichtigen. Verwunderlich ist, daß Flora sehr früh und unverblümt auf mögliche diplomatische Einmischungen hinweist. Als politisch aufgeklärte Französin bedauert sie, daß die Zielsetzungen Nordamerikas, des Vorbilds der Freiheitsbewegung, auf dem südlichen Teil des Kontinents nicht einmal im Ansatz erreicht wurden: »Anders als dort wissen die meisten hier gar nicht, was Selbstbestimmung ist. Sie gehen in Lumpen, während die Spitzen der Gesellschaft mit öffentlichen Ämtern, Plantagen, der Ausbeutung von Minen und im Schmuggelgeschäft riesige Vermögen scheffeln.« Aber – so urteilt sie kühl – das englischsprachige Amerika gründe eben auf den Ideen des europäischen Liberalismus, während das vom Katholizismus gefesselte Lateinamerika religions- und klimaabhängig auch noch in ferner Zukunft im Sumpf politischer Machtkämpfe und Bürgerkriege stecken werde. Mit dieser Einschätzung ist sie nahe bei Alexander von Humboldt, der in seiner *Voyage aux régions équinoxionales du Nouveau Continent* schon zwei Jahrzehnte zuvor urteilte: »Es bedarf nur einigen Nachdenkens über die großen politischen Gärungen in der neuen Welt, um festzustellen, daß das spanische Amerika sich keineswegs in der günstigen Lage der Vereinigten Staaten befindet, deren Einwohner durch den Genuß einer konstitutionellen und wenig eingeschränkten Freiheit auf die Unabhängigkeit vorbereitet waren.«

KRIEGSPOSSE

Arequipa steht im Zeichen des Kampfs. Ein Offizier in der Stadtregierung wird interimistisch zum General ernannt. Sogleich kauft er in großem Stil Waffen und Munition ein. Kunterbunt durcheinander läßt er die Ware in einer ausrangierten Kapelle lagern: zweitausendachthundert Säbel und eintausendachthundert verrostete englische Gewehre, Restbestände aus den napoleonischen Kriegen. Dazu für die insgesamt nur gerade sechshundert Soldaten blaues Tuch, das niemand zu schneidern imstande ist, und elegante Tschakos für Männer, die nicht einmal ein Paar Schuhe besitzen.

Der Oberbefehlshaber richtet ein Feldlager ein, und zwar am strategisch ungünstigsten Ort in der Ebene vor der Stadt, von weither sichtbar für den Feind. Die Infanteristen hausen in schlecht schließbaren Zelten, die Kavallerie hält die umliegenden *Chicha*-Buden besetzt, und die Generalität spielt Karten im einzigen Steinhaus der näheren Umgebung. Am Rand des Lagers sind die *ravanas* untergebracht, Marketenderinnen, und wohl die kuriosesten Gestalten der damaligen Feldzüge. Als unverheiratete

Indianerinnen ohne Spanischkenntnisse, jede ganz auf sich allein gestellt und unabhängig, oft mit einigen Kindern im Schlepptau, sind sie zu jener Zeit fester Bestandteil vieler südamerikanischer Armeen. Sie garantieren den Kriegern menschliche Wärme und volle Mägen. Als Vorhut ziehen sie mit ihren Maultieren oder Lamas – beladen mit Kisten und Kochkesseln – den Kriegern voraus, sind berggewohnt, suchen geeignete Rastplätze, stellen Zelte auf, machen Feuer, und wenn ihnen die Lebensmittel ausgehen, überfallen und plündern sie die nächstgelegenen Dörfer. Flora bezeichnet sie als Außenseiterinnen, gesellschaftlich geächtet:

Sie leben mit den Soldaten, sind denselben Gefahren ausgesetzt. Die indianischen Männer töten sich eher, als daß sie im Heer dienen. Anders diese Frauen: Sie leisten die Schwerarbeit aus freien Stücken. Ihre Haut ist zerfetzt von Sonne und Kälte. Sie tragen einen kurzen Wollrock bis zum Knie, ein Schaffell über Brust und Rücken, Füße und Arme sind immer nackt. Ihr ungezügeltes Temperament ist sprichwörtlich, Mord und Totschlag häufig. Die *ravanas* beten die Sonne an, sonst zeigen sie keine religiösen Gefühle.

Arequipa ist gerüstet, aber seit Wochen läßt sich kein Feind blicken. Das heißt: Die Provokateure, Truppen des hier unerwünschten Präsidentschaftsanwärters, sind noch nicht in Sicht, wohl aber im Anmarsch und als grausam bekannt und gefürchtet. Trotz drohender Gefahr geht der General aber erst einmal nach Hause, Offiziere und Soldaten halten derweil betrunken die Stellung: »Da zeigt sich die Ahnungslosigkeit, die totale Unfähigkeit, die Anmaßung solcher Chefs, die das unglückliche Land zu regieren meinen«, schimpft Flora.

Plötzlich eines Morgens, während die Streitkraft noch ihren

Rausch ausschläft, stehen die feindlichen Truppen da. Flora erklimmt erwartungsvoll die Hausmauer, setzt sich, bewehrt mit einem großen roten Sonnenschirm sowie dem Fernrohr, in Positur und harrt der Kämpfe. Ein Verwandter brüllt: »Mademoiselle, les voici!« Die ganze Stadt stößt Freudenschreie aus, denn das Leben im Wartestand war immer unerträglicher geworden.

Einer Ameisenstraße gleich, sieht man die feindliche Armee vom Berg heruntersteigen. Flora beobachtet mit dem Fernglas, wie die gegnerischen *ravanas* auf der Kuppe Feuer entzünden. Dann herrscht wieder für Stunden gespenstische Ruhe. Früh in der Nacht schließlich die Mitteilung, die Kämpfe seien im Gang, und es gebe viele Tote.

»Komplettes Chaos«, ereifert sich Flora, »die Leute stürzen aus ihren Häusern ins Freie, silberne Teller, silberne Nachttöpfe und die Juwelen im Arm. Die Sklavinnen schleppen Teppiche, Bilder und Roben ihrer Herrinnen in die umliegenden Klöster. Als einzige gefaßt, mitten im Trubel, beobachte ich die Agonie all dieser Geizkragen, denen ihre Reichtümer wichtiger sind als das Leben.«

Pulverdampf liegt über der Stadt, Verletzte werden in die Häuser getragen, Stöhnen in allen Gassen. Am Morgen die unverhoffte Nachricht, daß sich Freund und Feind in der Dämmerung doch noch zusammensetzten, um über einen Waffenstillstand zu verhandeln. Mehr noch: Die beiden Heerführer seien sogar soweit gegangen, sich über dem Leichnam eines Gefallenen gegenseitig Einigkeit und Brüderlichkeit zu schwören. Große Täuschung! Der feindliche General war bloß knapp an Lebensmitteln, und ein kurzer Scheinfriede die einfachste Art, das Notwendige zu beschaffen. Auch Don Pío liefert untertänigst seine Schinken und Brote beim Gegner ab. Man weiß ja nie ...

Anderntags siegt der Feind auf der ganzen Linie und besetzt

die Stadt. Sogleich dient sich Don Pío den neuen Machthabern an und wünscht sich einen Platz in der Regierung.

Flora faßt zornig, aber auch deprimiert zusammen: »Ich betete. Nicht für die Gefallenen, sondern für dieses unglückliche Land, wo sich so viele Habsüchtige von entsetzlicher Perversität tummeln. Unter politischen Vorwänden säen sie kontinuierlich Zwietracht, bloß um während der dadurch unausweichlichen Bürgerkriege Gelegenheit zu finden, ihre Mitbürger auszuplündern.«

Klöster als Panzerschränke

Niemandem käme es in den Sinn, die Ordensgemeinschaft der Karmeliter mit frivoler Leichtlebigkeit und irdischer Genußsucht in Verbindung zu bringen. Ebensowenig vorstellbar sind christliche Osterfeiern – zur Kurzweil des Volkes als wilde Bacchanalien zelebriert. Beides, sowohl befremdlich agierende Karmeliterinnen als auch ausschweifende Auferstehungsrituale, hat Flora Tristan in Arequipa erlebt – als habe der peruanische Katholizismus im bergigen Kerngebiet des alten Inkareichs die Sitten einstiger mächtiger Herrscher- und Priesterkasten übernommen und sie zu christlichem Leben erweckt.

Chile dagegen zeigte stets geringere Neigung, den Ruhm der Kirche Roms mit der Duldung klösterlicher Machtzentren oder durch heilige Spektakel zu mehren. Maria Graham berichtet nichts über den Versuch politischer Einflußnahme einzelner Orden. Im Gegenteil: Sie zeigt sich überrascht über den Schwächezustand der Klöster. Bei ihrem Besuch in einem vornehmen Frauenkloster Santiagos findet sie nurmehr eine Handvoll Nonnen vor. »Zum Glück sind die Klöster unter den neuen Gesetzen derart verarmt, daß man hoffen darf, sie verschwinden bald ganz.« Geradezu befriedigt äußert sie sich über den Zustand der Verwahrlosung, der das Ende des Klosterdaseins erahnen lasse: »Durch das Besuchszimmer sah ich im Hof die häßlichste Madonna, die je in Stein geschnitten wurde. Ihr Mund und ihre Brüste, einst Wasserspeier, waren jetzt trocken. Um den zerbrochenen Brunnentrog im verlotterten, baufälligen Kreuzgang lungern Handwerker und Soldaten herum.«

ADEL UNTER ALPAKAWOLLE

Ganz anders sind Flora Tristans Erfahrungen. Für sie sind die Vorgänge im geweihten Gemäuer Anreiz für farbige Schilderungen und boshafte Interpretationen: »Arequipa hat von allen Städten Perus die meisten Klöster. Die Ruhe, die sie ausstrahlen, läßt vermuten, daß der Friede und das Glück der Welt in diesen Mauern des Herrn wohnen. Aber oh weh! Im Innern brodelt es in diesen Monumenten wie Lava in einem Vulkan.«

Die Begüterten Arequipas nutzten die Klöster als Fluchtburgen in Notzeiten, als Panzerschrank-Ersatz, Gerüchteküchen, Entsorgungsstätten für reiche Töchter und – vor allem – als offiziell anerkannte Instanz zum Schutz der gesellschaftlichen Hierarchie. »Ich glaube nicht, daß es in der monarchistischsten aller Monarchien eine arrogantere und schockierendere Aristokratie gibt als die der Klöster«, schreibt Flora. Geburt, Titel, Hautfarbe, Vermögen waren die Klassifikatoren unter den Kutten aus feinster Alpakawolle. Die Etikette richtete sich einzig nach dem weltlichen Rang.

Wegen der kriegerischen Ereignisse hat Flora die seltene Gelegenheit, für sechs Tage in einem Karmeliterinnenkloster zu leben. Normalerweise nämlich ist das Innere der Gebäude für Laien hermetisch verschlossen, ja sogar kurze Besuche hinter Gitterfenstern im Eingangstrakt sind einzig mit Erlaubnis des Erzbischofs gestattet. Ihre Erlebnisse im Kloster hat sie festgehalten. Diese

Aufzeichnungen, überraschende Dokumente, bezeugen den ungeheuerlichen klösterlichen Trubel und geben gleichzeitig den Blick frei auf die kirchlich zementierten Privilegien der Wohlhabenden.

LUXUSKERKER

»Nun bin ich also drin in einem Kloster. Welch ohrenbetäubendes Geschrei, als ich eintrat! ›Hurrah, la Francesita!‹ schrien sie von allen Seiten. Mindestens zwölf Nonnen – jede gefolgt von ihren wenigstens vier schwarzen oder indianischen Sklavinnen – umstanden mich, jubelnd, lachend, hüpfend.«
Die ausgelassenen Himmelsbräute interessieren sich für Floras Hut, reißen ihr die Haarspangen vom Kopf, messen die Länge des Haars, untersuchen gründlich ihr Kleid, das Korsett, die Unterwäsche, die Pariser Stiefeletten. Sie fühlt sich wie eine ausgezogene Puppe, befürchtet, im Gewühl zu ersticken, verliert das Gleichgewicht, steht schweißgebadet im unerträglichen Lärm, als endlich die Superiorin auftaucht und sie aus dem Knäuel befreit.
In der mit kostbaren Teppichen und weichen Liegekissen ausgestatteten Klause der Äbtissin bekommt sie auf einem französischen Silbertablett Kuchen und spanischen Wein in Kristallkaraffen kredenzt und wird alsdann in die für sie bestimmte Zelle geführt:

Was für ein großartiger Raum – wie ein luxuriöses Boudoir. Durch eine Spitzbogentür tritt man ein, links und rechts Spitzbogennischen mit kirschroten Seidenvorhängen, behängt mit schwarzen und blauen Quasten, ein kleines, weiches, englisches Bett mit spanischer Spitzendecke, davor elegante kleine Tapisseriestühle für die Besucher, eine prächtige Konsole mit weißem Marmoraltar, goldene Kerzenständer, Vasen mit Blumen, in der Mitte ein Tisch mit dem Kristallwaschbecken.

In der an die Klause anschließenden kleinen Küche bereiten die Sklavinnen erlesene Speisen zu.

Am ersten Tag macht Flora Besuche, alle Nonnen wollen sie sehen, befühlen, Fragen brennen ihnen auf der Zunge: Wie kleidet man sich in Paris nach der neuesten Mode? Was essen die Franzosen? Gibt es da auch Klöster? Vor allem aber: Welche Musik ist derzeit in Europa beliebt? In den verschiedenen Zellen wird sie mit Kuchen, Likören, Weinen, Konfitüren, Süßspeisen verwöhnt – »ein Dauerbankett«. Abends dann ein Konzert in der Kapelle der Superiorin. Ein englischer Flügel steht da, drei junge Nonnen spielen ein Trio von Rossini.

Jede der Ordensfrauen tut, was ihr gerade paßt. Alle geben sich zwanglos, fühlen sich anscheinend wohl. Als Töchter reicher Familien aus Peru, Bolivien oder sogar Spanien wurden sie oft schon im Alter von wenigen Jahren im Kloster versorgt, umhegt von ihren Dienerinnen, bis zu acht an der Zahl.

Am letzten Tag ist Flora zu einem privaten Dîner in eine der Zellwohnungen geladen und wird hier mit der Kehrseite der Medaille konfrontiert: Flucht aus dem Luxuskerker ist nur auf gefährlichste Weise möglich. Bei einem köstlichen Essen, serviert auf Sèvres-Porzellan, hört sie die Geschichte einer Nonne, die aus Liebe zum Klosterarzt entkommen wollte und auch entkam, indem sie einen weiblichen Kadaver ins Kloster schmuggeln ließ, ihn in ihr Bett legte, dieses anzündete und im Tumult der rasch sich ausbreitenden Flammen dank einem Komplott mit der Türbewacherin ins Freie gelangte. Flora realisiert schnell, daß ihre Gastgeberinnen gehalten sind, offiziell an ein schlimmes Ende des Abenteuers zu glauben, daß nämlich die Sünderin selbst verbrannt ist. »Wie mußte sie leiden, und wie gut, daß sie nun erlöst ist«, lautet das doppeldeutige Ende der Erzählung.

Vor ihrer Rückkehr in die Welt führt Flora ein Gespräch mit

der temperamentvollen Äbtissin. »Liebes Kind«, sagt die ältere Dame, »wäre ich erst dreißig, würde ich Sie nach Paris begleiten und mir in der Oper die raffinierten Werke des unsterblichen Rossini anhören. Eine einzige Note dieses genialen Mannes ist der moralischen und physischen Gesundheit aller Völker um einiges zuträglicher als es unserer Religion die schrecklichen Spektakel der Autodafés oder der Inquisition waren.«

UMMAUERTES GESTERN
Zufall, Glücksfall: Nach schweren Erdbeben in den Jahren 1958 und 1960 wurde das 1579 erbaute Kloster Santa Catalina als Musterbeispiel einer kleinen, ummauerten kirchlichen Kolonialsiedlung nach den alten Plänen restauriert. Das architektonische Kuriosum und Kleinod, der Frauenstadtstaat mit seinen Straßen und Plätzen, Kirchen, Kapellen, zugehöriger Zitadelle und eigenem Friedhof, auf vollen zwei Hektar Land mitten im Zentrum von Arequipa, ist heute Museum und sieht exakt gleich aus wie damals, als Flora durchs große Tor eintrat: »Die Inneneinteilung der Klosteranlage«, schreibt sie, »ist äußerst bizarr, ein wahres Labyrinth von Gassen und Gäßchen in alle Richtungen. Entlang diesen Wegen stehen originell konstruierte Wohneinheiten, in denen die Nonnen wie in kleinen Landhäusern leben. In den großen Innenhöfen halten die Damen Geflügel, zu jedem Anwesen gehört eine Küche sowie die Schlafräume für die Sklavinnen, ein kleiner Garten grenzt an, jeder mit Treppe aufs Dach für die heißen Sommerabende.«

Wer eintaucht in diese Klosterwelt – geleitet von Flora Tristans Notizen – hat die Empfindung, der politischen Tradition Südamerikas ein klein wenig auf der Spur zu sein.

Beim Eintritt ins ummauerte Areal zuerst einmal Staunen über die Schönheit des spanisch-maurischen Baustils, über die

Harmonie der Anlage, die Strenge der Häuserkuben, Vorplätze, Gärten, Lauben und Höfe. An jeder Straßenbiegung überraschende Durchblicke, unvermutete architektonische Bildausschnitte – vergleichbar den Winkeln und Kanten in einer nordafrikanischen Wüstenstadt. Der Blick fällt in Kammern, Küchen und elegante Aufenthaltsräume. Hier ein altes Hammerklavier, dort Streichinstrumente an den Wänden befestigt, grazile Sitzmöbel, kleine Tische, Gläser, kostbares Geschirr, Zierat – als hätten die Bewohnerinnen nur eben rasch das Haus verlassen. Drei Kreuzgänge insgesamt, ihre Bögen auf schweren quadratischen Pfeilern ruhend, die kobaltblau oder tieforange bemalt sind, steinerne Blumenbehälter mit tropischen Pflanzen in den vier Ecken und in der Mitte plätschernde Brunnen. Vollkommene Stille. Am Ende einer Sackgasse taucht die große Waschküche im Freien auf: Hälften von riesigen Tonkrügen, in Reih und Glied nebeneinander aufgestellt, dienten einst als Bottiche. Schließlich die alte Gemeinschaftsküche, unterteilt in Brat-, Back- und Konfiseriesektoren: ein rußgeschwärztes Monument, schon zu Floras Zeit kaum mehr in Gebrauch. Gekocht wurde in den winzigen Villen der einzelnen Nonnen. Das Refektorium mit direktem Zugang zur Kirche verschmähten die verwöhnten Bewohnerinnen: »Seit mehr als zwanzig Jahren leben sie nicht mehr in Gemeinschaft und sind auch nicht mehr gehalten, die ganze Fülle religiöser Pflichten einzuhalten, wie sich das für Karmeliterinnen eigentlich gehörte«, schreibt Flora.

Keine echte Verbundenheit untereinander, jede der reichen Spanierinnen unter dem Klosterdach bestrebt, die Mitschwestern auszustechen oder zu beherrschen. Jede für sich mit ihren Sklavinnen – ohne die andern: das Kloster als Abbild der traditionellen Herrschaftsstrukturen.

Brot und Spiele der Kirche

Heiligenparaden zum Gaudi des Volks: Chile und Peru pflegten auch bei Kirchenspektakeln unterschiedliche Stilrichtungen. Stellte der peruanische Klerus das katholische Gepränge besonders augenfällig zur Schau, mußten sich Chiles Gläubige allem Anschein nach mit eher bescheidenen Inszenierungen begnügen. Grundverschieden reagieren Graham und Tristan auf die sakrale Folklore. Die Zurückhaltung der chilenischen Kirche gefällt zwar der nüchternen Maria. Aber sogar noch den spärlichen geistlichen Manifestationen sucht sie stets zu entwischen – außer einmal, als zu Fronleichnam hunderte kleiner Boote um die Bucht von Valparaíso ruderten und vor jeder Kirche und jedem Schlupfwinkel der Fischer Raketen zündeten. War das geliebte Meer im Spiel, fielen ihr Zugeständnisse leicht.

Anders Flora Tristan. Sie ist hin- und hergerissen beim Anblick der kirchlichen Possen. Trotz mißfälliger Kommentare belegen ihre Notizen, wie sie insgeheim alle Arten von theatralischen Gesten genießt. Sie ergötzt sich am Prozessionspomp, zumal der dargebotene Zauber ihr einmal mehr Gelegenheit gibt, auf die Verblendung des Volks und die gefährlichen politischen Folgen der deftigen Inszenierungen hinzuweisen. Abgesichert durch solche Warnrufe, gönnt sie sich das Vergnügen, die unglaublichen Maskeraden mit kaum verhohlenem Spaß zu beschreiben.

Weder Graham noch Tristan hatten erkannt, daß altes indianisches Brauchtum die christlichen Feiern überlagert, daß es sich hier nicht um die »Verblendung des Volks«, sondern im Gegenteil um seine Standfestigkeit im Bewahren alter Traditionen handelt. Wie farbenreich, phantasievoll und üppig in vorspanischer Zeit die Götter verehrt worden sind, läßt sich noch heute am Treiben rund um die kirchlichen Festtage erahnen. Nicht nur hoch in den Anden, sondern fast überall in Lateinamerika.

»Am 24. September zog zur Feier der Madonna eine riesige Prozession durch die Stadt«, berichtet Flora und tadelt, daß der Klerus sich dabei betont auffällig ausstelle. Wüsterer Klamauk und skandalösere Paraden seien kaum mehr denkbar.

Zuvorderst im Zug marschieren vermummte schwarze und braune Musikanten, vor den Gesichtern möglichst häßliche Masken. Sie wiegen sich – obszön gestikulierend – rhythmisch im Tanz. Junge dunkle Frauen und Indianerinnen aus dem Publikum mischen sich spontan dazwischen. Ein grotesker Wirrwarr aus schlüpfrigen Gebärden, begleitet von hysterischem Gelächter, läßt das Publikum vor Vergnügen aufkreischen. Dann schwankt das Gestell mit der Madonna heran, Kopf, Hals und Hände mit Perlen und Diamanten behängt, getragen von zwanzig schwarzen Sklaven. Ihnen folgen Mönchs- und Nonnendelegationen aus sämtlichen Klöstern Arequipas.

Abends dann stehen Mysterienspiele unter freiem Himmel auf dem Programm. Die Menge drängt sich auf dem weiten Platz vor der Kathedrale, wartet geduldig seit dem Morgen, jedes Eckchen ist besetzt, jede Arkade gefüllt, die Leute können kaum mehr Luft holen. Vor dem Kirchenportal ist, mit Brettern – über Fässer gelegt –, eine Bühne aufgestellt, von Fackelträgern erleuchtet.

»Für mich, als ein Kind des neunzehnten Jahrhunderts, Pariser Verhältnisse gewohnt«, schreibt Flora, »war diese derbe Schau für ein ignorantes, abergläubisches Volk in Lumpen reines Mittelalter. Alle diese Figuren – ob nun weiß, kupferfarben oder schwarz – zeigten blutrünstige Wildheit und exaltierten Fanatismus.«

Auf der improvisierten Bühne wird eine Mär aus der Zeit der Kreuzzüge inszeniert: Christen kämpfen gegen den Islam. Türken und Sarazenen fuchteln mit ihren Schwertern gegen die Rechtgläubigen, fechten erbittert, sind in der Überzahl und drohen die Christen zu besiegen. Nun aber tritt »*Madame la Vierge*« auf den Plan, am Arm des Heiligen Joseph und gefolgt von einer Schar Paradiesjungfrauen. Sie schreitet auf die abendländische Armee zu, ermuntert die Soldaten zum Kampf, worauf sich diese todesmutig auf die Ungläubigen stürzen. Letztere, geblendet von den vermeintlichen Huris, bleiben wie angewurzelt stehen, unfähig, die Waffen zu gebrauchen. Dem Sultan und seinem Heer werden die Insignien entrissen. Kleinlaut knien die Ketzer alsbald vor der Jungfrau Maria und bitten um Aufnahme in die christliche Gemeinde. »Lieber ein christlicher König als der entthronte Sultan«, meldet sich der Türkenchef zu Wort. Gesagt, getan. Es folgt die Massentaufe im Angesicht der Muttergottes. Sie ernennt den Sultan zum ersten Patriarchen von Konstantinopel. Ein silbernes Kreuz wird gebracht. Der frischgebackene, kurz zuvor noch muselmanische Kirchenfürst schwört dem Papst ewige Treue und gelobt der Kirche reichliche Geldgaben.

Daraufhin nimmt die Handlung nach christlicher Logik und Regie ihren Lauf. Nämlich: Im Türkenheer gibt es auch Juden, und die konvertieren natürlich nicht. Alt- und Neuchristen reißen ihnen zur Strafe die Kleider vom Leib, verhöhnen sie und werfen ihnen Lumpen zu. Das Publikum grölt. Zu guter Letzt tritt auch noch der Heiland persönlich gemeinsam mit Matthäus auf. In hierarchischer Ordnung setzen sich alle zum Mahl: zuoberst Christus, zuunterst der frisch getaufte Sultan. Ein Jude schleicht sich an den Tisch. Sofort wird er weggestoßen und von den Soldaten zum Gaudi der Zuschauer (in effigie) gehenkt. Unter dem Tisch der speisenden Mimen sitzt ein Schwarzer und reicht Christus demonstrativ eine Kanne Wein herauf, den dieser statt des Wassers an alle ausschenkt. Das Volk krakeelt begeistert: »Die Hochzeit von Kana!« Und das Spiel ist aus. Die Anwesenden applaudieren, schreien: »Hoch lebe Jesus! Hoch lebe die Muttergottes! Hoch lebe Don José! Hoch lebe der Herr aller Herren: Unser Papst! Viva! Viva! Viva!«

»Ich war wohl die einzige, die traurig dieses Spektakel verließ«, sagt Flora. »Mit solchen Mitteln werden die Menschen in Südamerika in ihren Vorurteilen bestärkt. Das abstoßende Verhalten des Klerus hat zur Revolution beigetragen, aber trotz Umsturz sehen sich die Priester außerstand, ihre Macht abzugeben, und sie werden sie sehr lange noch behalten.«

Die wildesten »Saturnalien« finden während der Karwoche statt. Die Leiden Christi werden der Menge als Höllen- und Himmelstheater vorgeführt, als Sieg der Kirche über den Teufel. Das Blut geopferter Lamas rinnt auf dem Stationenweg durch die Gassen, Blut bedeckt die Heilandsfigur aus *papier mâché*, hysterisches Weinen allüberall, bis am Ostertag mit großem Radau und in ungezügelten Szenen vor dem Dom die Kreuzesabnahme zelebriert wird und das Volk sich um die Holzsplitter balgt.

»In solchem Zauber fühlen sich die Massen geborgen und merken nicht, daß sie gerade damit gesellschaftlich an den Rand gedrängt sind«, kommentiert Flora – wiederum einseitig aus europäischer Sicht. Aber zum Teil hat sie recht, wenn sie sagt, daß den Leuten mit all dem Theater das Nachdenken über ihr Elend verwehrt werde. Eifernd verdeutlicht sie: Das passe den Regierenden sehr wohl ins Konzept. Denn ahnungslos stütze der »Haufen von Ignoranten«, also das Volk – im Verein mit der Kirche – den Despotismus. Das Land, zerrissen von zwanzig Jahren Bürgerkriegen, sei in einem deplorablen Zustand, und man hoffe vergeblich auf die Überwindung des Dünkels bei den Herrschenden sowie auf das Verschwinden des Aberglaubens bei den Unterdrückten.

Sklaven

Schwarze Sklaven, importiert aus Afrika; indianische Sklaven, eingesammelt im Hinterland: Wer damals in Chile, Peru, Brasilien Arbeitskräfte brauchte, kaufte Menschen auf dem Markt. Diese Methode hat – auf die Gegenwart übertragen – immer noch ihre Gültigkeit. Außerhalb Arequipas etwa versammeln sich auf der Straße nach Cuzco täglich mehrere hundert Indios und warten auf Pick-ups aus der Stadt. Die kräftigsten werden von speziellen Beschaffern ausgewählt, verladen und für einen US-Dollar Lohn pro Zwölfstundentag verschiedenen Arbeitgebern vermittelt.

Tristans und Grahams Reaktionen auf den Sklavenhandel sind weit voneinander entfernt. Flora Tristan, die im Normalfall soziale Ungerechtigkeiten mit drastischen Beispielen illustriert und pathetisch Anklage erhebt, beurteilt die Sklaverei in Peru äußerst zurückhaltend und versucht, sich mit sonderbar blassen Sozialtheorien aus der Affäre zu wuseln. Ganz anders die Britin in der Gewißheit, daß ihr Land die Sklaverei bereits 1807 abgeschafft hatte. Als Maria Graham in Brasilien zum ersten Mal einen Sklavenmarkt sieht, kann sie die Wahrheit kaum akzeptieren. Als sie Mißhandlungen miterlebt, ist ihre Wut zügellos. Während ihrer ganzen Südamerikazeit leidet sie mit den Geschundenen.

TRISTAN MUNDTOT AUF DER ZUCKERROHRPLANTAGE

In der Nähe von Lima wird Flora auf einer Zuckerrohrplantage herumgeführt, »einem großartigen Betrieb«, wie sie rühmt. Hier schuften vierhundert schwarze Männer, dreihundert Frauen und zweihundert Kinder. Sie schaut sich die Mühlen an, bewundert die Verarbeitungsmaschinen und hört vom Besitzer, daß er wegen zunehmender Schwierigkeiten, Schwarze zu beschaffen, nahe am Bankrott sei. Früher besaß er fünfzehnhundert Sklaven, und ihre Sterblichkeit sei anfangs noch geringer gewesen. »Ach«, entgegnet ihm Flora, »wahrscheinlich sind Ihre Neger ganz einfach unglücklich.« Und weiter doziert sie: »Die menschliche Spezies vermehrt sich zwar grundsätzlich sogar im Elend, das gilt auch für die Sklaven. Aber bei letzteren scheint ein Gefühl des Leidens dazuzukommen, das zarte Bande der Zuneigung nicht wachsen läßt.«

Das Los der Sklaven hat die Sozialistin Flora Tristan nie wirklich beunruhigt. Das Gespräch mit dem Plantagenbesitzer nutzt sie in erster Linie dazu, ihre ausufernden Gedanken zu Freiheit und Abhängigkeit des Menschengeschlechts allgemein und speziell der »Primitiven« auszubreiten, zu denen die Sklaven ja letztendlich gehören. Ihre Argumente hören sich abenteuerlich an:

Wenn das Individuum genügend Nahrung findet, will es nicht arbeiten und läßt sich auch nicht durch Verheißungen höher stehender Kulturen zur Arbeit ködern. Als Beweis dieser These müssen die Indianer in Nord- und Südamerika herhalten, die von den Weißen – gemäß Flora – nie zu brauchbaren Dienstleistungen verpflichtet werden konnten. Darum bedürfe es eben der körperlichen Züchtigung, um Wilde jeder Art zur Arbeit zu zwingen. Flora erkennt noch zeitig die Fragwürdigkeit ihrer Argumentation. Aber, so fügt sie hinzu, durch Prügel werde die Arbeit zur Qual, und qualvolle Arbeit korrumpiere. Fazit: Aus diesem Grund sind die Sklaven allesamt korrupt.

Auf der Suche nach einem Weg aus dem Dilemma gerät Flora gedanklich ins Schleudern. Sie versucht, ihrem Gegenüber ökonomische Lektionen zu erteilen: Würde der peruanische Zuckerpreis in Relation zum Arbeitsaufwand errechnet – wie das bei den europäischen Produktionskosten der Fall sei –, dann müßte der Plantagenbesitzer seine Schwarzen nicht mehr mit Schlägen antreiben, sondern könnte sich vermehrt auf deren Wohlbefinden konzentrieren. Zufriedenen Sklaven – dies Floras Standpunkt – käme es auch nie in den Sinn zu revoltieren. Rosig malt sie die wirtschaftliche Zukunft von bestmöglichen Sklavenhalterstaaten: Als Lohn für die Arbeit wäre zum Beispiel die Freilassung möglich. Man müßte die Freigelassenen ausbilden, sie Berufe lernen lassen, ihnen in den Kolonien, wo viel Ackerland brach liegt, Landbesitz ermöglichen, und in wenigen Jahrzehnten schon gäbe es eine wachsende Zahl glücklicher schwarzer Arbeitskräfte, die den Reichtum der Kolonien zu Nutz und Frommen des Mutterlands mehrten.

Ganz klar: Die Sozialreformerin hat nicht im Sinn, Schwarze oder Indios als »Ausgebeutete« zu betrachten. Den Begriff Ausbeutung benutzt sie ausschließlich für weiße Arbeiter und Arbeiterinnen, deren Rechte sie später in Europa fanatisch verteidigen wird.

GRAHAM »GEFRIERT DAS BLUT«

»Zum ersten Mal sah ich in Recife Menschen zum Verkauf. Noch nie war ich in einem Sklavenland gewesen. Etwa fünfzig Kreaturen, junge Mädchen und Burschen, gezeichnet von Krankheiten und halb verhungert, saßen oder lagen mitten zwischen ekelhaft schmutzigen, streunenden Tieren.«

Am nächsten Tag beobachtet Maria Graham, wie eine weiße Hausfrau ihre junge Sklavin schlägt, ihr die Arme grausam auf den Rücken dreht, und wie das Mädchen schreit in seiner Not. Bereits

Zweijährige werden verkauft. Weil Krieg ist, gibt es kaum zu essen, nicht einmal Maniok für die Schwarzen. Ganze Rudel von ihnen streifen erschöpft durch die Straßen, weil sie von ihren Besitzern aus Geldmangel fortgejagt wurden. Ein Drittel der damaligen Bevölkerung in der Provinz Pernambuco ist weiß, zwei Drittel sind Schwarze oder Mulatten.

Eines Abends flaniert Maria am Meer: »Streunende Hunde begannen eben ihr gräßliches Werk. Ich sah, wie eines der Tiere einen schwarzen Arm aus wenigen Zentimetern Sand scharrte, den der Meister über die Leiche geworfen hatte.« Sie erkundigt sich und erfährt: Wenn früher ein Sklave starb, legten die Kameraden den Toten behutsam auf ein Brett, trugen ihn zum Strand, deponierten die Leiche bei Ebbe nahe am Wasser und warteten, bis die Wellen das Brett bei Flut überrollten. Heute sei nicht einmal dieses bißchen Menschlichkeit mehr üblich. Man bindet die Leiche an einen Pfahl und wirft sie ans Ufer, wo sie mit Glück von der Brandung weggespült wird oder eben nicht. Hier, sagt sie, hier an diesem Strand sei für sie das Maß an Beleidigungen der armen Opfer endgültig voll geworden.

Sie ist bestürzt, mit welcher Verachtung die Weißen Schwarze überall behandeln. Oft sieht sie Sklaven sterbend am Straßenrand liegen. Die Passanten steigen über sie hinweg mit der Bemerkung: »Ach, bloß ein Schwarzer! Den wird schon jemand wegschaffen, wenn er endgültig tot ist.«

Maria hört von Kapitänen Geschichten, die ihr »das Blut gefrieren lassen«, von Grausamkeiten – vor allem auf Schiffen französischer Sklavenhändler, wenn sie von englischen Aufpassern gejagt werden. Großbritannien fühlte sich nach Gesetz überall in der Welt verpflichtet, Sklavennationen – allen voran den Feind Frankreich – zu verfolgen oder zu maßregeln. Brasilien schaffte die Sklaverei erst 1888 ab, kurz vor dem Zusammenbruch der Monarchie.

Weil die Kapitäne bei einer allfälligen Inspektion mit weißer Weste dastehen wollten, steckten sie bei Gefahr einer Kontrolle mehrere Sklaven zusammen in große Körbe, Köpfe nach unten, und warfen sie über Bord. Andere wurden im Schiffsbauch in Kisten gestopft und erstickten dort meist. Maria liest in einem Lokalblatt Bahias von fünf geenterten Schiffen in drei Monaten: Zusammengezählt sind 1574 Sklaven lebend und 374 tot in Brasilien angekommen – nicht gerechnet die auf hoher See Ertränkten. Persönlich hat sie die Ausladung eines solchen Seglers beobachtet:

Die Leute singen, wenn sie endlich an Land kommen, festen Boden unter den Füßen haben, die Gefahr überstanden wähnen. Sie singen Lieder aus Afrika. Die armen Teufel! Könnten sie die Sklavenmärkte voraussehen, wo sie, von ihren Kameraden getrennt, ins Landesinnere als Minen- oder Zuckerplantagenarbeiter deportiert werden, wäre ihr Singen ein einziger klagender Schrei.

Bahia ist der größte Sklavenhafen Südamerikas, der Weg von Westafrika über den Atlantik relativ kurz. Ein Mitglied der revolutionären Junta, berichtet Maria, sei der größte Sklavenhändler der Region. Sogar die damalige Presse wies auf den Skandal hin – ohne Erfolg, denn trotz aller Verträge und internationalen Vereinbarungen wurden die Sklaven von Brasilien aus weiterhin mit Gewinn bis nach Nordamerika verkauft. »Falsche Schiffspapiere verhindern meist die Entdeckung der menschlichen Ladung. Und wenn dennoch ein schwarzes Schaf aufgespürt wird, dauert es lange bis zur Verurteilung«, schreibt sie.

Die Besitzer solcher Schiffe schätzten sich glücklich, wenn eine von drei Frachten sicher landete. Und schon damit machten sie riesige Gewinne. Aber auch viele herumlungernde erwerbslose weiße Brasilianer lebten von den Schwarzen. Sie kauften den »Ausschuß« – schwächliche, nicht ganz gesunde oder seelisch erschöpfte Sklaven – für billiges Geld und liehen sie als Tagelöhner aus.

Maria Graham hat als einzige weiße Frau jener Zeit auf das südamerikanische Sklavenelend und die Verstrickung der politischen Umstürzler in den lukrativen Handel hingewiesen.

Böse Zungen – spitze Federn

Was wußten Grahams und Tristans europäische Zeitgenossen über Lateinamerika? Abgesehen von spärlichen Mitteilungen frühester Reisender, hat Alexander von Humboldt grundlegende Informationen geliefert, als er in den Jahren 1814 bis 1825 seine Expeditionsberichte in Paris in französischer Sprache publizierte. Das Werk fand sofort große Beachtung und Verbreitung, aber es fehlt jeder Hinweis, daß Maria oder Flora diese Texte je in der Hand hielten.

Von 1799 bis 1804 war Humboldt in weiten Teilen Südamerikas unterwegs gewesen und gab im Rückblick erste umfassende Auskünfte über Ureinwohner, Flora, Fauna, Geologie, Klima und – teilweise wenigstens – die Folgen der europäischen Kolonialpolitik. Der Text präsentiert sich jedoch nach dem Willen Humboldts ausschließlich als »ein Buch von der Natur«. Ganz bewußt hat er »alles Persönliche, was nicht von direktem Interesse war, gestrichen«. Zwar weckten Brauchtum und Alltag der Indianer durchaus Humboldts Neugier, sie waren für ihn jedoch Teil der »Natur«.

Das Auskundschaften des alltäglichen Trotts der Eroberer dagegen, Schilderungen ihres Benehmens, ihrer Wohnungen, ihrer

Vorlieben, ihres Familienlebens, ihrer Intrigen oder der Ränkespiele ihrer Kirche – heute zum Verständnis der konstant brodelnden Unruhen in Lateinamerika unverzichtbar – war den meisten europäischen Reisenden nicht der Mühe wert. Eine Ausnahme ist der Schweizer Johann Jakob von Tschudi. Seine Reiseskizzen aus Peru, eine Sammlung geistreich-boshafter Meldungen über das menschliche Treiben in sämtlichen Bevölkerungsschichten und Berufen, in Kirche und Politik, stellte er aber erst während eines Aufenthalts von 1839 bis 1843 zusammen.

Somit sind Graham und Tristan mit ihrem damals ganz und gar unüblichen Vorsatz, die Geschichte von unten, vom Alltag her aufzurollen, Pionierinnen und allen europäischen Berichterstattern um eine Nasenlänge voraus. Allein schon deswegen sind ihre Nachrichten unersetzlich. Beider Neugier auf häusliche Kuriositäten im fremden Land ist ein Glück, und ihrem Vorwitz verdanken wir amüsante Blicke in Küchen, Salons und Boudoirs sowie Bilder von monotonem ehelichem Einerlei oder sonstiger familiärer Verdammnis.

TRISTE SALONS, SCHLUDRIGE DAMEN

Ein portugiesisch-brasilianischer Haushalt anno dazumal: Wie lebten die Europäer in der Kolonie? Maria Graham stellt in Recife befriedigt fest, daß sowohl das Salonmobiliar, die offenbar unverzichtbaren Pferdebilder an der Wand als auch das Klavier aus England importiert sind. Ganz und gar uneuropäisch hingegen erscheint ihr das Eßzimmer:

Hier kommt mir alles äußerst fremd vor. Der Boden ist mit einem bunten Tuch bedeckt, den langen Tisch überwölbt eine riesige Glasglocke, darunter – zu biblischen Szenen vereint – tummeln sich Wachsfiguren, eine ganze Krippe mit

Engeln und den drei Königen, mit Moos, künstlichen Blumen, Muscheln, Perlen, Gold und Silber übersät und bedeckt von zarten Schleierstoffen. Von der Decke hängen neun Vogelbauer, alle bewohnt von Kanarienvögeln oder Finken. In den Korridoren stehen größere Käfige mit mehr Papageien drin als einem Wohnhaus bekömmlich ist. Aber immerhin sind die gefiederten Hausgenossen wohlerzogen und kreischen nicht alle gleichzeitig.

Die Gäste sitzen auf Stühlen der Zimmerwand entlang, bekommen in winzigen Bechern Wein oder Likör kredenzt, die Dame des Hauses benimmt sich »wenigstens englisch-korrekt« und trägt ein Kleid, mit dem sie sich sogar im »zivilisierten Europa« hätte zeigen können.

Angewidert dagegen ist Maria von den portugiesischen Wohnungen in Bahia:

Die meisten Häuser sind ekelhaft dreckig. Im Erdgeschoß befinden sich die Sklavenverschläge und die Ställe. Die Treppenhäuser sind stockfinster. Mehr als einmal mußten wir dort warten, bis die Bedienten eiligst die Türen aufgerissen, die staubigen, spinnwebverklebten Vorhänge in den Zimmern aufgezogen und erst dann die Herrschaft gerufen hatten, die gegen Mittag erst halb angekleidet war. Als die Damen dann endlich erschienen, traute ich meinen Augen kaum. Waren das wirklich *gentlewomen*?

Bis ins kleinste Detail beschreibt sie das Aussehen der kolonialen Gnädigen: kein Korsett, die Figur nach der ersten Jugend schon schlaff und um so unansehnlicher, als weder Tücher noch Ärmel das Fleisch verbergen. Das schwarze Haar ist kaum gekämmt oder

– schlimmer noch – in Papierwicklern aufgerollt. Von Körperpflege kann keine Rede sein. Wenn der Besuch sich endlich hinsetzen kann, müssen erst schmutziges Geschirr und fliegenbedeckte Trockenfrüchte vom Tisch geräumt werden. Schwere Sofas, die nie weggerückt werden und deshalb im Staub versinken, säumen die Wände, Bilder – »häßliche Schmierschinken« – hängen kreuz und quer herum, daneben Kruzifixe und »solches Zeug«. Die Frauen heiraten sehr früh, sind frühzeitig verlebt, nicht eine einzige erscheint ihr attraktiv.

Abends findet ein Ball statt. Maria gesteht, daß sie die Schlampen vom Vormittag nicht wieder erkennt. Die Señoras treten jetzt juwelenbehängt und in Korsette gezwängt in teuren französischen Roben auf. Aber – so diffamiert sie mit böser Zunge sogleich die weibliche Pracht: »Obwohl die Engländerinnen hier den Abschaum kolonialen Britentums darstellen, tragen sie immer noch den Preis davon.«

Verächtlicher noch als die Frauen werden die portugiesischen Männer taxiert: »Keine Erziehung. Sie können einzig Rechnungen zusammenzählen und um Geld spielen. Sobald die Frauen unter der Haube sind, frönen sie demselben Laster oder spielen Karten. Das wundert mich nicht. Ohne Geist und Bildung in einem Klima, wo Außenaktivitäten kaum denkbar sind, ist ein Stimulans eben nötig.« Und schließlich, so folgert sie, retteten sich Weise wie auch Wilde seit jeher ins Geldspiel, um ihrem öden Leben mehr Tempo zu geben.

Flora Tristan bewegt sich dagegen in eindeutig edlerer Umgebung. Sie berichtet ausschließlich von den Palazzi der führenden Familien Arequipas und schildert die prächtigen Behausungen als solid, mit prunkvoll verzierten Fassaden. Die weißgetünchten Gewölbe im Innern allerdings erinnern sie an trostlose Kellerverliese – eintönig und deprimierend. Kein einziges Möbel in den vielen von ihr begutachteten Prachtbauten besteht vor ihrer Kritik. Aller Hausrat erscheint ihr zentnerschwer und von gigantischen Ausmaßen, die Tische für die Ewigkeit geschreinert, die Kommoden plump und gewaltig, die vielen metallenen Spiegel und schweren Draperien absolut geschmacklos. In diesen düsteren »Kerkern« versammeln sich regelmäßig dieselben Gesichter zu Tee, Wein und stundenlangen Gesprächen, für Flora qualvolles Leiden:

> Jeden Sonntag mußte ich ab zehn Uhr morgens in großer Toilette im Salon sitzen und bis drei Uhr nachmittags die Visiten unterhalten. Dann wurde bis fünf gespeist und danach wieder bis elf nachts Konversation gemacht. Nie in meinem Leben habe ich eine derartig ermüdende Plage durchstehen müssen. Den Damen liegt einzig daran, ihr Geschmeide zur Schau zu stellen, und den Männern – alle unterbeschäftigt – steht die tödliche Langeweile ins Gesicht geschrieben.

Quälend schleppt sich die Konversation dahin. Weil wenig geschieht, wird ausschließlich der üblen Nachrede gefrönt oder das Wetter als Dauerbrenner abgehandelt. Parteiengezänk oder gar Krieg gilt vielen als ersehnte Abwechslung, als Ausweg aus der Öde, als frischer Windstoß ins stickige Einerlei. Flora registriert ironisch, daß in einigen Gebieten Südamerikas umstürzlerische Ideen – und damit verbunden die Lust an politischen Intrigen – wohl eher als Heilmittel gegen die bedrohliche Langeweile der gehobenen Schichten entwickelt wurden als mit dem Ziel, das Land wirklich zu befreien und zu befrieden.

BARBARISCHE KÜCHE

»Die Küche ist abscheulich und die Kochkunst im Stadium der Barbarei!« Flora äußert sich schaudernd über die Qualität des

Essens im Haus der vornehmen Verwandten. Zum Beweis legt sie den Speisezettel vor: »Zwar ist der Boden im Hochland um Arequipa fruchtbar, aber alle Gemüse sind ungenießbar.« Die Kartoffeln erinnern sie an Mehlbrei, dem Kohl, den Salaten und Erbsen fehlt der Geschmack, das Fleisch ist trocken, das Geflügel zäh vom »Leben im vulkanischen Gestein«. Milchprodukte kommen von weit her, der Käse ist deshalb schimmelig, die Butter schmeckt ranzig, ebenso das Öl. Fisch und Früchte sind meist verdorben, der Zucker zu grob gemahlen, das Brot miserabel – kurz: Nichts findet sie wirklich passabel außer den vielen Kuchen und kandierten Früchten, Produkten der hiesigen Nonnen.

Um neun Uhr morgens wird gefrühstückt: Reis mit rohen oder gekochten Zwiebeln, gebratenes Schaf, so jämmerlich zubereitet, daß Flora diesen Gang meist wegläßt. Zum Schluß wird Schokolade serviert. Um drei Uhr nachmittags setzt man sich zum »Dîner« zu Tisch. Als Hauptgericht wird eine *olla podrida* gereicht, ein Eintopf, bestehend aus gekochtem Rindfleisch, Speck, Schaf, Reis, verschiedenen Gemüsen und Früchten, die jeweils gerade zufällig und halbverfault in der Küche herumliegen – »ein Konzert mit lauter falsch gestimmten Instrumenten«. Anblick, Geruch, Geschmack seien absolut inhuman. Darauf folgen Krebse, garniert mit Tomaten, Reis, Zwiebeln und aromatisiert mit viel zu viel Piment. Nach solcherlei Überwürzung ist der Mund verätzt und der Gaumen ohne Gefühl. Um acht Uhr abends erfolgt das Souper mit denselben Speisen wie mittags.

»Tischsitten und Bedienung sind nicht besser als das Essen«, mäkelt sie und berichtet von absonderlichen Bräuchen:

Auch heute noch gibt es für alle Tischgenossen nur ein einziges Glas, das von Stuhl zu Stuhl weitergereicht wird. Die Teller sind immer verschmiert, die Tischwäsche voller

Flecken. Es gehört zum guten Ton, daß man mit seiner Gabel ein Stück von der Platte herausfischt, aufspießt und es von den Bedienten einer Person seiner Wahl aus Höflichkeit in den Mund stecken läßt. So zirkulieren stets fetttropfende Gabeln rund um den Tisch, herumgereicht von unsauberen Sklavenhänden.

MONSTRUM GROSSFAMILIE
Die Großfamilie als Kerker, jedes Mitglied gefesselt an vorgezeichnete Lebensläufe: So stellt Flora Tristan die Familie ihres Vaters vor. Meist sind die spanischen Sippen in den Kolonien weit verzweigt, fügen sich dem Oberhaupt, das eigene Gesetze erläßt, Ehen zwischen Vettern ersten, zweiten oder dritten Grades anordnet, das Vermögen überwacht, Unbotmäßige ins Kloster befördert oder besonders begabte Ränkeschmiede zu Priestern bestimmt. Außerdem diktiert der Chef seinen »Untertanen« die jeweils günstig erscheinenden politischen Überzeugungen und wird von den Familienmitgliedern maßlos gefürchtet.

Flora Tristan beschreibt ihre Erfahrungen mit familiären Monstrositäten am Beispiel der engen Welt einer Kusine in Arequipa, der es zwar gelang, die Regeln zu durchbrechen, die ihr Ausscheren aber teuer bezahlte mit Verbitterung und Menschenhaß.

Doña Carmen, eine Frau knapp unter vierzig, gescheit, wißbegierig, tagein tagaus ihre *cigarritos* paffend, faßt Vertrauen zu Flora und erzählt ihre Geschichte:

Pockennarbig, aber reich, heiratete sie als junges Mädchen einen verarmten Vetter, gutaussehend und nur gerade zwanzig Jahre alt. Er betrog sie nach Strich und Faden, brachte in kurzer Zeit ihr ganzes Vermögen durch, demütigte sie öffentlich wegen ihrer Häßlichkeit. Mittellos war sie auf das Wohlwollen und die Almosen einer bösartigen Tante angewiesen. Dank ihrer Klugheit jedoch wurde sie für die Familie zur geschätzten Beraterin, von allen Seiten umschmeichelt. Aber je größer der Kreis der Scharwenzler, desto mehr wuchs in ihr die Menschenverachtung. Äußerst geringschätzig denkt sie auch über die Religion. Demonstrativ wendet sie sich von der Kirche ab, erklärt sich öffentlich als gottlos. Arequipas streng katholische Damen der ersten Kreise betrachtet sie als »zivilisatorisch zurückgebliebene Hühner«. Als der untreue Ehemann mit dreißig schwer erkrankt zu ihr zurückkehrte, pflegte sie ihn aufopfernd bis zum Tod. Nicht etwa aus Liebe, sondern aus Rache und im hämischen Gefühl, dem Sterbenden überlegen zu sein.»Sein Anblick ließ ihren Widerwillen und ihre Geringschätzung für die Menschen noch wachsen«, schreibt Flora.

Offen spricht Doña Carmen mit der Kusine über die Unterdrückung durch die hochmütige und mächtige Familie, über »finstere Boshaftigkeit« rundum, über den Druck derer, die wissentlich ihre Nächsten verbiegen. Nach außen dürfe niemand klagen oder gar erkennen lassen, wie tief der Schmerz sitzt. »Wer wissen möchte«, sagt Doña Carmen, »wie bodenlos der Abgrund an Ohnmacht besonders für eine Frau ist, muß verheiratet sein oder verheiratet gewesen sein. Ja, Florita, die Ehe ist die einzige Hölle, die ich kenne.«

Sogar dieser nahestehenden Frau gegenüber, die sich so rückhaltlos öffnete, bewahrte Flora ihr Geheimnis eigener Ehehölle.

Heißes Pflaster in der Hauptstadt

Nach sieben Monaten Aufenthalt in Arequipa ist Flora Tristans Geduld erschöpft: »Ich floh dieses Haus, wo ich nur geduldet, aber nie aufgenommen worden war, ich floh die moralischen Torturen, die ich erleiden mußte.« Finanziell hat sie wenig gewonnen, eine kleine Jahresrente wird ihr vom Onkel gnädig zugesagt, jedoch die erhoffte Auszahlung ihres Vermögensanteils verweigert. Sie sehnt sich zurück nach Frankreich, beschließt aber vorher noch einen Abstecher zu Schiff in die Hauptstadt Perus. Vom Hafen Callao aus fährt sie mit einer Kutsche nach Lima und nimmt Quartier im Hotel einer Französin.

Der Gegensatz zwischen dem rückständigen Arequipa und Lima, der lockeren Stadt am Meer mit damals etwa achtzigtausend Einwohnern, erscheint Flora einerseits anregend, andererseits ist sie enttäuscht: Es gibt viel Gestriges – auch in der Hauptstadt. Sie vergleicht Lima mit dem Paris zur Zeit Ludwigs XV.: »Hochherzige Gefühle und die Tugenden nur dann zur Schau gestellt, wenn sie keine Konsequenzen haben. Elementarunterricht ist sogar in den oberen Schichten wenig verbreitet. Weil kaum jemand lesen kann, braucht auch niemand die Pressefreiheit zu fürchten.«

Dank ihrer Familienverbindungen standen ihr Türen und Tore offen. Sie verkehrte in der besten Gesellschaft, hatte aber dennoch ein scharfes Auge für das Elend der wenig Begüterten:

Die prächtigen, überdimensionalen Kirchen mit ihrem Prunk kontrastieren schockierend mit den baufälligen Baracken darum herum. Wer auf einen der Türme steigt, hat den trostlosesten Ausblick auf riesige Ansammlungen von Hütten aus grauem Stein ohne Dächer, so schmutzig und trist wie Eingeborenendörfer. Es wird eine Zeit kommen, wo die Bürgerhäuser gepflegt und die Kirchen verlottert sein werden.

Im Palast der »Heiligen Inquisition« – zu Floras Zeit bereits umgewandelt in ein Museum mit Grabfunden aus präkolumbischer Zeit – wurde sie von Entsetzen erfaßt. Vierundzwanzig Zellen bekommt sie zu sehen, jede drei Quadratmeter groß und ohne Fenster, darunter die Verliese für die Folter und den Vollzug der Todesstrafe. Im mächtigen Gerichtssaal das erhöhte Podium für die Richter mit einem Thron in der Mitte für den Großinquisitor: »Der Anblick des Raums ist derart grausig, die Welt draußen derart weit weg, die Mönche, die diesem zweifelhaften Tribunal angehörten, von derart posenhafter Gefühllosigkeit, daß man sich die Erschütterung der hereingeführten Angeklagten leicht ausmalen kann.«

Zögernd nur betritt man auch heute noch die hohen Gewölbe des Gerichts und die versteckten Gefängnisse. Junge Leute, Studenten, erklären den fremden Besuchern in fließendem Englisch die nicht ganz so fernen katholischen Ungeheuerlichkeiten. Noch furchterregender als zur Zeit Floras, sitzen Großinquisitor und Richter jetzt leibhaftig in »posenhafter Gefühllosigkeit« auf ihren Stühlen als priesterliche Wachspuppen und verhören einen wächsernen Sünder. In der gestellten Theatralik übermittelt sich das Grauen um so eindringlicher.

FRAUENPOWER

»Die limeñas haben einen durchdringenden scharfen Verstand, ein klares Urteil und sehr richtige Ansichten über die verschiedensten Lebensverhältnisse. In einem Wortstreit zieht eine limeña nie den Kürzeren. Diese Frauen sind von seltener Charakterfestigkeit sowie ungewöhnlichem Mut und dadurch weit über die feigen, charakterlosen Männer erhaben.«
Dies das Urteil Johann Jakob von Tschudis.

Bereits zehn Jahre vor Tschudi kam Flora Tristan zum selben Ergebnis: »Die Frauen von Lima beherrschen ihre Männer ganz und gar, weil sie ihnen an Intelligenz und moralischer Kraft überlegen sind.«

Flora betreibt in der Hauptstadt das, was heute »Gender-Forschung« genannt wird. Sie beobachtet die Frauen sowohl hinter den Kulissen ihres familiären Bereichs als auch in der Öffentlichkeit und gibt den Blick frei auf ein sonderbares Weiberregiment – weitab von allen europäischen Gepflogenheiten. Es überrascht, daß ihr sorgfältig recherchierter Bericht in modernen Geschichtsbüchern oder den gar nicht so seltenen Abhandlungen über die Frauenrolle in den einstigen spanischen Kolonien – soviel mir bekannt – nie auftaucht. Die beste Quelle bleibt ungenutzt.

»Es gibt keinen einzigen Ort auf der Welt, wo die Frauen freier sind als in Lima«, konstatiert Flora. Untereinander sind sie sehr gut organisiert, eine verschworene Frauenzunft in der damals kleinen Stadt, wo sich alle kennen. Geheiratet wird schon mit dreizehn oder vierzehn Jahren, dann folgen sechs bis sieben Geburten kurz aufeinander, bis endlich das Erwachsenenvergnügen innerhalb der Gesellschaft und außerhalb der Ehe beginnt.

Schön im herkömmlichen Sinn findet Flora die *limeñas* zwar nicht, aber von hoher Gestalt, schlank und mit samtener Haut, die Augen schwarz, die Rede überlegt und entschieden, die Bewegungen ausdrucksvoll. Auffallend und einzigartig ist die Kleidung der Damen, die zu nichts anderem dient, als die Trägerinnen so weit zu verhüllen, daß sie unerkannt ihren gewagten Abenteuern nachgehen können. »Lima ist der einzige Ort in ganz Südamerika, ja auf der ganzen Welt«, schreibt Flora, »wo dieses Kostüm getragen wird. Man hat versucht, nach dem Ursprung zu forschen – ohne Erfolg. Sicher ist, daß die Tarnung nicht aus Spanien stammt.«

Die bizarre Gewandung ist zweiteilig und heißt unten *saya*, oben *manto*. Als *saya* wird eine Art Rock bezeichnet, der in feinsten Plissierungen vom Gürtel bis zu den Füßen reicht und die Körperkonturen raffiniert nachzeichnet. Je kostbarer der Stoff, desto höher die Stellung der Trägerin. Unter dem Saum schauen die erlesen beschuhten Füße hervor. Winzige Füße sind auch hier – wie in Chile – der Stolz jeder Frau und die teuren Schuhe aus besticktem Satin oder Seide Prestigeobjekte. Europäerinnen mögen noch so anziehend aussehen, ihre Füße werden Flora zufolge stets als »häßliche Kähne« verspottet.

Der *manto*, immer aus schwarzer Seide, ist gleichfalls plissiert, wird hinten an der Taille festgebunden und vom Rücken her über Schultern und Kopf geworfen, fällt vorn über das Gesicht und gibt höchstens ein Auge frei. »Wenn sie ihre Schultern bewegen, die *limeñas*, und verführerisch ihren *manto* festzurren, kann kein Mann widerstehen«, kommentiert fast neidisch die Pariserin. Den einzelnen Erscheinungen aber gezielt zu folgen, sei kaum möglich, weil sich jede wendig durch Gassen und Menschen schlängelt, und unversehens befindet sich der hinterherjagende Verehrer in der mißlichen Lage, der Falschen nachzulaufen.

Wozu dient der Aufzug? Flora meint, die Verhüllung nütze der ungehinderten Verführung. Heimlich streifen die Frauen durch die Stadt, im Schlepptau ihre Liebhaber. Es kommt sogar vor, daß sie – vom direkt neben ihnen stehenden Ehemann unerkannt – auf dem Hauptplatz oder in der Kathedrale mit einem Bewerber turteln. *Saya* und *manto* verhindern Langeweile, Ärger und Mißmut. Die Camouflage sorgt für tägliche Spannung und dauernde Kurzweil. Alle Frauen haben so das Recht, allein auszugehen und unabhängig von der Familie ihr Leben zu gestalten. Die Tracht verändert die Person bis zur Stimme, und wenn eine Dame nicht gerade hinkt oder sonst ein auffälliges Gebrechen zeigt, ist es nie möglich, sie zu identifizieren.

Die Kostümierung kann noch eine Steigerung erfahren, dann nämlich, wenn die Akteurin absichtlich eine alte, zerschlissene, ja sogar zerfetzte *saya* anhat. Wer diese Kleidung trägt, wird *disfrazada* geheißen und darf weder angesprochen noch verfolgt werden. Die Frau ist tabu und meist auf direktem Weg zu einem besonders wichtigen, geheimnisvollen Termin.

Morgens frühstückt die *limeña* im Négligé mit ihrem Ehemann, dann wirft sie die zwei Hüllen über, besucht Freundinnen, setzt sich ins Parlament, hört den Voten zu, provoziert die Männer rundherum, kommt mittags zum Essen nach Hause und ist gleich wieder weg. Abends nach sieben jedoch sind *saya* und *manto* verboten, dann tragen die Damen Roben aus Frankreich, bewegen sich in Gesellschaft und sind bemüht, ihre Ehemänner, Liebhaber, Söhne oder sonstigen Favoriten auf einflußreichen Posten zu plazieren. In Lima ist die Karriereplanung der Männer Frauendomäne. Flora schließt ihre Betrachtungen:

M an sieht, daß die limeñas in ganz anderen Kategorien denken als die Europäerinnen, die von Kindesbeinen an zu

Sklavinnen von Sitten, Gesetzen, Vorurteilen und Moden gemacht werden. Verborgen unter saya und manto ist die Limanerin frei, genießt ihre Unabhängigkeit und fühlt sich stark im Vertrauen auf ihr Inkognito. In jeder Lebenslage kann sie sie selbst sein, sie unterliegt keinerlei Zwang. Wenn der Haushalt sie langweilt, nimmt sie ihre saya wie der Mann seinen Hut und geht aus.

Auch was die Liebesabenteuer betrifft, behalten die Limanerinnen – wie Flora feststellt – stets ihre Würde, obwohl sie sich in dieser Beziehung recht herausfordernd verhalten. Einziger Gradmesser der Liebe nämlich ist das finanzielle Opfer, das der jeweilige Anbeter zu erbringen bereit ist. Er muß das Maß seiner Zuneigung mit Gold ausgleichen, das Gewicht des Schmucks gibt vor aller Augen Rechenschaft über die Wertschätzung für die Auserwählte. Die Kehrseite der Medaille: Die Freiheit der Frauen bedeutet häufig den Ruin der Männer: »Ich sah oft Damen mit mehreren Männeruhren behängt«, schreibt Flora, »und dies als glorreichen Beweis, daß den Liebhabern das Geld ausgegangen war.« Die Uhr gaben die Männer recht verlegen als letztmögliches Pfand ihrer Liebe her.

Auch Johann Jakob von Tschudi äußert sich zum Thema Männer: »Die Männer in Lima sind schwächlich, geistig weit hinter den Spaniern zurück, weichlich, scheuen alle Strapazen und glauben nach einem Ritt von zehn Stunden, eine Heldentat begangen zu haben, die wert wäre, in den Archiven der Stadt aufbewahrt zu werden. Wenn sie nicht fortwährend Schokolade, Backwerk und süßen Brei haben, fühlen sie sich unglücklich.«

Ende des Abenteuers Südamerika

Chile, Peru, Brasilien: Drei Länder, gebeutelt von Bürgerkriegen. Zwei europäische Frauen mittendrin in den Auseinandersetzungen. Flora Tristan ist knapp über dreißig, Maria Graham gegen vierzig, als sie – der täglichen Herausforderungen überdrüssig – Südamerika den Rücken kehren.

Nachträglich läßt sich kaum ermessen, wie hoch die Hürden waren, die Maria Graham und Flora Tristan überwinden mußten. Graham war nach dem Tod ihres Mannes im wildfremden Chile zur Neuorientierung gezwungen. Auf Ratschläge und Zuspruch von Geschwistern oder Freunden mußte sie verzichten. Tristan sah sich mit der feindseligen Familie und außerdem mit Kriegswirren konfrontiert. Beiden unvertraut waren Sprache, Alltag, Politik, der eingewurzelte Zynismus, eine ganze, schwer verständliche Kultur. Für beide kam die Last ihrer persönlichen Situation dazu: keine Aussicht auf ein geregeltes Leben, keine Vorstellung, wie es zu Hause weitergehen könnte. Wie schon der Start über den Atlantik, war mehr noch die Heimkehr ein unkalkulierbares Wagnis.

TRISTANS ABSCHIED VON LIMA

Nach zwei Monaten Hotelexistenz und Gesellschaftstrubel in Perus Kapitale ist Flora der schwer zugänglichen Lebensart überdrüssig und plant die Rückfahrt. Die Normalroute über Valparaíso kommt für sie nicht in Frage, weil sie befürchtet, dort erneut mit dem abgeblitzten Liebhaber, dem beharrlichen Kapitän Chabrié zusammenzutreffen. Am liebsten wäre ihr ein Umweg via Nordamerika und dort ein kurzer Aufenthalt in freier demokratischer Luft nach langem Ausharren in den stickigen Häusern ihrer rückwärts orientierten Verwandten. Leider erweist sich diese Reiseversion als unerschwinglich, und Flora wagt nicht, den geizigen Onkel um zusätzliches Geld zu bitten. So wählt sie als Notlösung einen englischen Segler, der von Lima aus direkt nach Falmouth in See sticht.

Am 15. Juli 1834 verließ ich die Stadt, fuhr zum Hafen Callao und ließ mein Gepäck an Bord der *William-Rushton* bringen. Anderntags empfing ich eine Schar von Abschiedsbesuchern. Gegen fünf abends wurde der Anker gelichtet, meine Freunde gingen von Bord und ich blieb allein, ganz allein zwischen zwei Unendlichkeiten: dem Himmel und dem Meer.

Die spätere, keineswegs vorhersehbare Verflechtung ihrer Pariser Familie mit Don Pío in Arequipa erlebt Flora selbst nicht mehr. Ein Jahr nach ihrem Tod heiratet die Tochter Aline 1845 durch Vermittlung der Schriftstellerin George Sand den republikanisch gesinnten Journalisten Clovis Gauguin. Mit den Kindern Fernande-Marceline und dem einjährigen Paul flieht die Familie nach der gescheiterten Revolution 1848 aus Frankreich Richtung Peru, wo der Pressemann eine Zeitung gründen will. Noch auf dem

Schiff stirbt Clovis Gauguin an einer Herzattacke, und Aline sucht Zuflucht beim Großonkel Pío, der sie – wie der Maler Paul Gauguin in seinen Erinnerungen festhält – »wie ein eigenes Kind aufnimmt«. Sechs Jahre lang lebt die Witwe mit ihren beiden Kindern in Arequipa und Lima, wo Pío Tristàn spät im Leben doch noch einen Posten in der Regierung ergattert. Briefe oder Aufzeichnungen der jungen Frau sind nicht erhalten.

Viele in Arequipa heute wissen natürlich, wer Flora Tristan war und daß sie hier lebte. »Ach, die Marxistin!« hörte ich oft. Im historischen Lokalmuseum fand ich, mit Klebeband an der Glasscheibe eines Ausstellungskastens befestigt, ein vergilbtes Bildchen von ihr, darunter ihr Geburts- und Todesjahr: ein dürftiges Gedenken! Auf die Frage jedoch, ob der Name des berühmtesten Nachfahren der Tristàn hier bekannt sei, ob die Leute schon irgendwo gehört hätten, daß der Enkel Floras, Paul Gauguin, einen Teil seiner Kindheit in der Stadt verbracht hatte, reagierten die meisten ungläubig.

GRAHAM: TRENNUNG VON RIO AUF RATEN
An Bord der Brigg *Colonel Allen* haben Maria und der frisch ernannte brasilianische Admiral Cochrane Chile verlassen und sind auf dem Weg nach Rio. Ein paar wenige unbeschwerte Tage noch genießen die beiden Entwurzelten auf der pazifischen Insel Juan Fernández. Lebensmittel und Wasser werden aufgetankt. Die Zwischenstation auf dem magischen Fleck Erde bedeutet für Maria die Erfüllung eines lang gehegten Wunsches: »Es ist genau der Ort, wo mein Lieblingsheld, Robinson Crusoe, strandete. Wir blieben nachts lange Stunden an Deck und tranken die Schönheit von Himmel und Meer.«

Die Crew organisiert ein Picknick, Maria und Cochrane erforschen das Gelände und träumen sich vor, wie sie hier abgeschieden und ungestört weiterleben könnten. Neben verwilderten Rosenbüschen finden sie Äpfel, Birnen, Quitten, fast reife Kirschen, duftende Minze und Petersilie. Knapp eine Woche bleibt den beiden im entlegenen Paradies, die letzte ungestörte Zeit ihrer Freundschaft.

Am 13. März 1823 die Ankunft in Rio. Ein brasilianischer Marineoffizier kommt an Bord, erkundigt sich bei einem Matrosen, ob sich Lord Cochrane auch wirklich in Fleisch und Blut auf dem Schiff befinde, stürzt zur Kabine, küßt die Hände des verehrten Helden, springt unvermutet über die Reling ins Wasser und schwimmt an Land, um dem Kaiser als erster die gute Nachricht zu überbringen.

An einem düsteren Regentag ging auch Maria mit ihrem Gepäck an Land, suchte sich ein Haus als vorläufige Bleibe, fand die Stadt zum Vorteil verändert: sauberer, eleganter als noch vor zwei Jahren. Dennoch fühlte sie sich fremd, bedrückt. Der Abschied vom Schiff war nüchtern ausgefallen – ohne Herzlichkeit seitens der Crew. Nun schalt sie sich »töricht genug, mich nach der kleinen schmutzigen Brigg zurückzusehnen und noch törichter, weil ich mich beirren ließ durch die völlige Gleichgültigkeit, mit der mich die Besatzung ziehen ließ«. Beides, die Sehnsucht nach dem Vergangenen und der Schmerz über die eigene Belanglosigkeit, sei aber doch völlig normal, tröstete sie sich selbst.

»Ich bin schließlich diejenige, die einmal mehr ohne einen Menschen dasteht, an den ich mich anlehnen kann, allein in der Welt mit meiner traurigen Last. Die andern gehen ihren Geschäften nach und sehen Erfreulichem entgegen. Aber letzten Endes habe ich während meiner Wanderungen ja gelernt, unabhängig zu sein.«

IN DER FALLE

Marias Beschluß, Lord Cochrane nach Rio zu folgen, war ein Schritt ins Leere. Anders als im ländlichen Quintero, kann sie ihren Part als kluge Beraterin unter klatschsüchtigen Beobachtern nicht mehr spielen. Zudem erscheint plötzlich und unerwartet Lady Cochrane höchstpersönlich auf der Szene, um sich am Kaiserhof im Ruhm ihres Gatten zu sonnen.

Rasch mehren sich bei Maria die Anzeichen einer Lebenskrise. Sie sendet spürbare Signale aus. Anhaltspunkte sind doppeldeutige Tagebuchnotizen, das erneute Aufflammen der Tuberkulose, ihr unbändiger Wunsch, einen Platz im kaiserlichen Hofstaat Brasiliens zu erobern, eine unerklärliche Blitzreise nach England und wieder zurück und schließlich das völlige Versiegen ihrer Briefe und Aufzeichnungen. Die einzigen Fundstücke aus dem letzten Südamerikajahr Marias sind datierte Aquarelle aus Gegenden rund um Rio. Weshalb, aus welchem Anlaß sie sich entschied, zum zweiten Mal, diesmal endgültig, nach England zurückzukehren, und wann genau das geschah, ist nicht bekannt. Tagebücher fehlen, sie verweigert die Auskunft über den Grund der Rückkehr.

Psychologische Interpretationen aus großer Zeitdistanz sind fragwürdig. Was die Nuancen menschlicher Beziehungen betrifft, legt jede Epoche ihre eigenen Spielregeln fest. Sinnvoll dagegen sind Zitate aus Marias letzten brasilianischen Notizen als Hinweis auf ihre persönliche Seelenlage und als Rückblick auf das Ende ihrer Beziehung zum *loup de mer*.

Als Lord Cochrane zehn Tage nach der Ankunft feierlich als brasilianischer Admiral eingesetzt wird, ist Maria noch zugegen. Er residiert vorerst auf seinem Flaggschiff *Pedro Primeiro*: »Ich ging mit ihm an Bord. Die Kabinen sind wundervoll mit Holzverzierungen und kostbarem Leder eingerichtet.«

Cochranes erster Auftrag ist die Befreiung von Bahia. Die Stadt befindet sich immer noch – oder schon wieder – in der Hand portugaltreuer Militärs. Maria hat unterdessen ihr Haus eingerichtet, sie perfektioniert ihr Portugiesisch, ist aktiv, und dennoch gesteht sie, daß sie sich von Tag zu Tag schlechter fühle. Als Ausweg sucht sie Kontakt zum Hof, bittet die Kaiserin, ihr als Hofdame dienen zu dürfen: »Ich fühlte mich hier als Fremde derart schutzlos, daß ich mich von der Kaiserin persönlich beschützen lassen wollte.« Sofort wird ihr eine Audienz gewährt, sie schleppt sich, bereits fiebrig und erschöpft, zum Palast. »Ich litt aufs äußerste diesen Morgen und mußte eine kräftige Dosis meines Opiumpräparats nehmen, damit ich mich überhaupt aufrecht halten konnte.« Die Stellung am Hof wird ihr zugesagt, ausüben kann sie ihre neue Tätigkeit vorläufig aber nicht:

Nach der Unterredung mit der Kaiserin mußte ich sofort wieder ins Bett und konnte mich für lange Zeit nicht mehr rühren. Mein Zustand ist schlimm und wird immer schlimmer. [...] Es hat keinen Sinn, mir einzubilden, ich hätte den Gleichklang meines Gemüts bereits wieder gefunden, denn bei jeder geringsten Gelegenheit überfällt mich meine Schwäche, und ganz bewußt fliehe ich aus Selbstschutz alle meine privaten Gefühle.

Ist sie fieberfrei, genießt sie – nicht unkritisch – den Hoftrubel, äußert sich spöttisch über das Gepränge des kaiserlichen Festzugs anläßlich der Parlamentseröffnung: an der Spitze die Staatskarosse, gezogen von acht Maultieren. Auf dem Vordersitz ruht die Diamantenkrone, daneben Don Pedro, der Kaiser, gewandet mit einem Cape aus gelben Federn über dem grasgrünen Rock. Maria dokumentiert den Pomp:

Die Kaleschen im feierlichen Zug könnte ich mir ohne weiteres als antiquarische Kollektion in Museen von Paris oder London vorstellen. In der Mitte als Prunkstück ein erbsgrüner Wagen, ohne Zweifel in Europa gebaut, federleicht, überall mit Silber verziert, Silber, wo immer Metall möglich ist: an den Rädern, den Türen, den Trensen der Maultiere. Manche Kutschen stammen noch aus der Zeit Ludwigs XIV. Was für Dschunken! Überall prächtige Livreen, manche allerdings allzu protzig. Von sämtlichen Hausfassaden hängen Satinfahnen in allen Farben, auf den Balkonen drängen sich die Damen in ihren Staatsroben, geschmückt mit Federbüschen auf den Köpfen, behängt mit blitzenden Diamanten.

Am selben Abend dann unvermittelt der Zusammenbruch während der Galavorstellung in der Oper. Sie sitzt in der Kammerherrenloge, weiß sich vom Publikum beobachtet und ist »total durcheinander«. Es gelang ihr nicht mehr, mit dem Taschentuch schicklich ins Parkett zu winken, sondern sie verbarg ihr Gesicht darin und weinte haltlos.

Cochrane schreibt ihr während der Kriegszüge Briefe und erkundigt sich zärtlich nach ihrem Befinden, schlägt auch gleich die Medizin zur Besserung vor: »Ich war niedergeschlagen, als ich von Ihrer Krankheit hörte. Aber Sie werden sofort wieder gesund, wenn ich Ihnen jetzt mitteile, daß ich ganz Bahia ausgehungert habe.«

Wenig später trifft Maria Cochranes Frau Kitty bei einem Hauskonzert mit anschließendem Ball. Die beiden Damen sehen sich zum ersten Mal. Maria beschreibt die Begegnung und überliefert mit dem Bericht ein Bravourstück weiblicher Diplomatie und versteckter Bosheit:

Außer Lady Cochrane und mir waren nur noch zwei Engländerinnen anwesend: die Frau des Konsuls sowie die Frau des Kommissars für Sklavenangelegenheiten. Ein ausländischer Gast stellte verwundert fest, daß wir vier kaum miteinander gesprochen haben. Er hatte vollkommen recht. Denn wenn ich in einem fremden Land bin, unterhalte ich mich mit den Einheimischen und finde es weder klug noch taktvoll, mit meinen Landsleuten einen Klüngel zu bilden.

Lady Cochrane rächt sich. Sie weist die Rivalin in ihre Schranken: Eines Tages beobachtet Maria, wie Kitty mit der Kaiserin tuschelt. Es stellt sich heraus, daß sie die Konkurrentin als Erzieherin der kleinen Prinzessinnen vorschlägt. Obschon arglistig als gesellschaftliche Herabstufung gedacht, kommt der Vorschlag Maria gelegen. Sie sagt sofort zu und bleibt – eine Zeitlang wenigstens – in engerem Kontakt mit dem Kaiserpaar, als es einer bloßen Hofdame möglich gewesen wäre. Mit dem neuen Auftrag weiß sie sich in Cochranes Nähe, wenn er in Rio residiert. So ist sie persönlich zugegen, als er nach einem Sieg vom Kaiser in feierlicher Zeremonie den höchsten Orden des Landes mitsamt dem Titel eines Marschalls verliehen bekommt. »Wo ich mich hätte konzentrieren müssen, war ich völlig verwirrt«, schreibt sie. »Ich fühlte mich wie Sancho Pansa, als er seine Gedanken zum Wollescheren schickte und nicht merkte, daß er selbst es war, der geschoren nach Hause kam. Ich war so verwirrt und begeistert über die Ehre, die meinem Freund zuteil wurde, daß ich sogar vergaß, den Handschuh auszuziehen, als mir der Kaiser die Hand küsste. Alle Hofdamen kicherten.«

In einer späteren Eintragung skizziert sie erstaunlich genau ihren Gemütszustand. Gesundheitlich fühlt sie sich elend, ihre

Nerven liegen blank, sie hat weder Rang noch Geld. Sie wurde gezwungen, erniedrigende Verpflichtungen auf sich zu nehmen, und empört sich über die Demütigungen, wenn sie an ihr früheres Leben, ihre Leistungen, ihre Unternehmungen denkt. Deutlich spürt sie, daß manche Leute ihre Schutzlosigkeit ausnutzen und ihr mit Impertinenz begegnen. Die Selbstachtung hat sie aber nie verloren:

> Trotz alledem bin ich sicher, daß ich mehr halbe Stunden – von ganzen Stunden wage ich gar nicht zu reden – echt glücklich bin und weniger Tage kompletten Elends durchlebe als alle diejenigen, welche vor der Welt als Glückliche dastehen. Einer oder zwei meiner Freunde sind kostbare Juwelen, die man nicht alle Tage trägt. Daneben gibt es aber noch einige aus geringeren und doch bewährten Metallen, die mir helfen, den Übeln der Alltagswelt ihren Stachel zu nehmen.

Seit 1826 – dieses Datum ist gesichert – lebte Maria endgültig wieder in London. In der Zwischenzeit war ihr *Journal of a Voyage to Brazil and Residence there* in England erschienen und stieß dort auf harsche Kritik. Grund des Tadels war einmal mehr ihr Lob für das »kostbare Juwel« Thomas Cochrane: »Mrs. Grahams überschwengliches Eintreten für Lord Cochrane bezeugt ihre ungenaue Sicht der Dinge.« Sie ertrug die Vorwürfe schlecht. Umgehend schrieb sie »in Weißglut« dem Verleger und stellte sich – gleichsam zum endgültigen Abschied – noch einmal hinter den Freund:

> Sie publizierten diesen langen Artikel einzig in der Absicht, dem großen Mann eine weitere Beleidigung zuzufügen, weil Sie ihm nichts anderes vorwerfen können, als daß er politisch liberal war. Ihr Rezensent suhlt sich in seiner Bosheit und

bildet sich ein, einem Abwesenden straflos Böses antun zu dürfen. Wenn man mich beleidigt, ist mir das egal. Aber niemals werde ich Unrecht gegen meine Freunde dulden.

Tristan: Zornig zurück in der Alten Welt

Im Januar 1835 war Flora Tristan zurück aus Peru in Paris und veröffentlichte im Juli bereits eine dreißigseitige Schrift mit dem Titel *Nécessité de faire un bon accueil aux femmes étrangères.* Sie verarbeitete eigene Erfahrungen ihrer Südamerikaexpedition, pochte besonders auf die Rechte alleinreisender Frauen und propagierte die Schaffung geschützter Unterkünfte. Floras Postulate zum Segen unbegleiteter Damen unterwegs sind aber lediglich Präludium oder Vorstufe ihres späteren Anliegens, nämlich: Planung und Aufbau einer weltumspannenden Interessengemeinschaft Gleichgesinnter. Mit Nachdruck forderte sie hier schon die Gründung einer »solidarischen, internationalen Gemeinschaft, getragen vom Gedanken der Humanität« – wenngleich diese länderumspannende Idee vorerst einmal lediglich die weibliche Reisesolidarität betraf. Wesentlich aber war die Zielrichtung: Zum ersten Mal meldete sich in dieser frühen Schrift die Missionarin zu Wort.

Floras zweite Publikation, die vielschichtige und boshafte Schilderung ihrer peruanischen Erlebnisse in und außerhalb der Familie, betitelt *Pérégrinations d'une Paria*, erschien 1837 und schlug in Arequipa wie eine Bombe ein. Obschon in jenen Gegenden nur die wenigsten der französischen Sprache mächtig waren, wurde das

Buch sofort in ganz Peru verboten. Der Onkel, Pío Tristàn, drehte umgehend den Geldhahn zu und unterband alle Überweisungen an die Nichte. Überdies ließ er es zu – oder war schlimmstenfalls sogar Initiator der Idee –, daß zur Strafe eine Puppe mit Floras Gesichtszügen in Arequipa öffentlich auf dem Platz vor der Kathedrale verbrannt wurde.

In Paris machte sich die konservative Presse über das Buch lustig, liberale Blätter hingegen lobten die politische Analyse der jungen Schriftstellerin: »Ihr bereits reifes Talent läßt weitere Studien von großer Tragweite voraussagen.« Leser, die gewillt seien, über den Tellerrand Frankreichs zu blicken, könnten dank Floras Berichterstattung erfahren, daß die Aufstände in Lateinamerika letztlich erfolglos geblieben und die spanischen Despoten zum Teil durch noch schlimmere einheimische Oligarchien ersetzt worden waren.

Es gab indes auch Stimmen, die kritisch nachfragten, warum denn Flora nicht bei den unbekümmerten Limanerinnen geblieben sei, wenn ihr das Los der Frauen Frankreichs als Sklavinnen ihrer Ehemänner so schwer erscheine. Seltsam berührt eine Besprechung in der *Gazette des Femmes*. Dort wird Flora von einer Rezensentin ihre Unehrlichkeit gegen den Kapitän Chabrié vorgeworfen. Statt erneut in Frankreich zu vegetieren, hätte sie, ungeachtet ihrer Kinder, mit ihm durchbrennen und in wilder Ehe ein glückliches Leben in Mexiko oder Kalifornien führen sollen.

EIGENSINNIGE FRÜHSOZIALISTIN

In der Rue Chabanais Nummer 12 bezog Flora gleich nach der Heimkehr eine Wohnung. Offizieller Mieter war ein Strohmann ihres Anwalts. Niemand durfte wissen, wo sie lebte. Auch bei der Polizei war sie nicht gemeldet, aus Angst vor ihrem Ehemann, mit dem sie nach geltendem Recht immer noch verheiratet war.

Die zweitausendfünfhundert Francs jährlicher Unterstützung aus Arequipa, die sie bis zum Erscheinen ihrer »Anklageschrift« noch bezog, reichten aus für ein bescheidenes Leben zusammen mit der Tochter, die sie sofort wieder zu sich nahm.

Als erstes kümmerte sich Flora um ihre finanzielle Unabhängigkeit, denn sie steckte in Geldnöten. Die Kunst des Schreibens hatte sie in der Zwischenzeit eifrig geübt. Schreiben wählte sie jetzt – des Erfolgs gewiß – zu ihrem Beruf. Sie suchte emsig Kontakte zur Pariser Journalisten- und Literatenwelt, versuchte, Artikel zu plazieren, beschloß, eine Zeitung zu gründen – was allerdings fehlschlug. Sie sprach bei Verlagen und Redaktionen vor und empfahl sich in den Chefetagen mit ihren Lieblingsstoffen: Literaturkritik, Romanen und Memoiren, mit Beiträgen über Themen zum Sozialismus. Sie, die kaum je eine Schule besucht hatte, feilte nicht nur eifrig an ihrem Stil, sondern entwickelte rasch und stürmisch ihre subjektiv gefärbten politischen Glaubenssätze, mit denen sie die Welt zu verbessern gedachte.

Floras Anteilnahme am Los der Schwachen lag im Trend jener Jahre der sozialen Umwälzungen. Anders aber als manche ihrer gesellschaftskritischen Mitstreiter, die sie meist verächtlich als »seelenlose Theoretiker« verunglimpfte und heftig befehdete, hatte sie als »aufgeklärte Bürgerin« – wie sie sich selbst sah – »ein echtes und nicht bloß gespieltes Erbarmen mit den Benachteiligten«. Sie setzte den abstrakten frühsozialistischen Denkmodellen, wie sie damals in intellektuellen Zirkeln beliebt waren, ihr persönliches Dogma entgegen und nannte ihre Lehre »Wissenschaft des Mitleids«.

In Anlehnung an die Ideen des von ihr verehrten Sozialreformers François Fourier, der alle Übel der Welt den natürlichen Instinkten des Menschen anlastet und in selbstheilenden Gemeinschaften einen Ausweg aus der Notlage sieht, erhoffte auch sie sich das Heil in Bündnissen barmherzig handelnder Geistesverwandter.

Urchristliche Vorstellungen sind für sie wegweisend. Tragender Pfeiler ihres Gedankengebäudes ist das Neue Testament. Frei interpretiert sie die Ideen Jesu und glaubt an die Kraft der Nächstenliebe und der Barmherzigkeit, die sowohl das Herz als auch den Verstand ansprechen.

Christliche Sanftmut hingegen war Flora fremd. Als Feuerteufel trat sie auf, wenn sie jeweils ihre Texte nicht angemessen honoriert sah. Mit ihren Verlegern hatte sie kein Erbarmen und nahm jeden Krach in Kauf: »Hier nenne ich Ihnen ein für allemal meinen Preis, denn weder Sie noch ich können es sich leisten, die Zeit zu verplempern. Falls Ihnen meine Konditionen passen, haben Sie die Güte, es mich wissen zu lassen. Falls nicht, lassen wir es bleiben.«

In diesem speziellen Fall ging es um den Peru-Bericht. Der Verleger ließ die Publikation vorerst einmal bleiben. Ohne Scheu forderte sie nämlich dieselben Vorauszahlungen wie ihre Kollegen George Sand oder Victor Hugo. Kaum je zeigte sich Flora Tristan von Selbstzweifeln geplagt.

In den Salons, ob politisch, literarisch, frauenemanzipatorisch oder aristokratisch, wird sie rasch bekannt: »Wer wirklich als Pariser gelten will, muß mit Flora Tristan auf einer der eleganten Soirées getanzt haben«, ist in der Gesellschaftsspalte einer Zeitung zu lesen. Sie ist nicht nur scharfzüngig, sondern auch schön. Einer ihrer Verehrer, ein Medizinprofessor aus Straßburg, widmet der nunmehr schon prominenten Literatin in seinen Erinnerungen ganze zehn Seiten und zeichnet ein Porträt der Sechsunddreißigjährigen:

> Ihre Augen sind immer noch ausdrucksvoll. Lange, schwarze Locken fallen ihr bis auf die Schultern und geben ihr einen gewagten Anstrich, an den man sich aber rasch

gewöhnt. Ihr lebendiges, liebenswürdiges Gesicht gefällt auf Anhieb. Ihre Stimme ist weich und ihre Erzählungen pikant. Oft treten ihr Tränen in die Augen, wenn sie mit Hingabe von den Leiden spricht, die sie nicht lindern kann. Trotz den Stürmen ihres Lebens, trotz ihrem Unglück, ihren Reiseerfahrungen, ihren Ambitionen als Femme de lettres ist sie irgendwie sehr einfach geblieben.

DAS ATTENTAT

André Chazal, Floras Ehemann, Alkoholiker ohne Einkünfte, haust nach Verbüßung einer Gefängnisstrafe wegen Überschuldung zusammen mit dem Sohn Ernest in einer elenden Absteige im Montmartre. Ein anonymes Schreiben informiert ihn im Oktober 1835, daß seine Frau – dem Vernehmen nach inzwischen reich geworden – wieder in Paris lebe. Jetzt sei der Moment da, wo er vor dem Richter die Tochter zurückverlangen könne. Wer der geheimnisvolle Absender war, war nie herauszufinden.

Gemeinsam mit zwei Saufkumpanen legt sich Chazal vor Floras Wohnung auf die Lauer. Wie vorauszusehen, wird die zehnjährige Aline von ihrer Kinderfrau weggerissen, von den drei Liederjanen gekidnappt und in einem Fiaker davongefahren. Am selben Abend noch findet die Mutter heraus, wo sich das Kind aufhält, und holt es zurück.

Diese häßliche Szene steht am Anfang einer Reihe bitterböser, ganze drei Jahre dauernder Auseinandersetzungen zwischen dem verfeindeten Paar. Der Streit dreht sich vornehmlich um die Tochter, die jedoch mit dem Vater nichts zu tun haben will. Mit Gerichtsbeschlüssen und Polizeieinsätzen setzt Chazal schließlich dennoch das Sorgerecht durch. Aline wird gezwungen, zum Vater zu ziehen. In einem herausgeschmuggelten Brief teilt das verzweifelte Kind der Mutter nach kurzer Zeit mit, daß sie vom

betrunkenen Chazal nachts »in unausstehlicher Weise« angefaßt werde. Sofort gibt Flora einem Bekannten den Auftrag, Aline vor ihrem Wohnort abzufangen. Abgemagert und in Lumpen wird sie der Mutter zurückgebracht. Jetzt endlich bestimmt ein Urteil des Tribunals, daß die Tochter bei ihr bleiben darf.
Am 4. September 1838 legt sich Chazal gegenüber von Floras Haus erneut auf die Lauer, in jeder Rocktasche eine Pistole. Diesmal gilt der Anschlag seiner Noch-Ehefrau. Vor Gericht schildert sie später den Ablauf des Überfalls:

Ich war vierzig Schritte von der Tür entfernt, als ich ihn auf mich zukommen sah. Sogleich wußte ich, daß er mich umbringen wollte. Er kam langsam näher – ohne die geringste Bewegung mit der Hand. Ich folgte ihm mit den Augen, drehte den Kopf, und plötzlich ging der Schuß los. Ich fiel zur Seite und bemerkte, daß er eine zweite Pistole in der Hand hielt. Der Schreck gab mir Kraft, ich erhob mich und stürzte in eine nahe Boutique, die zufällig offen war.

Das Blut fließt ihr aus einer Rückenwunde und aus dem Mund. Die Kugel steckt in der linken Brust, die Ärzte können sie nicht entfernen. Dennoch hat sie Glück. Sie kommt ohne bedrohliche Folgen davon.
Am Tag nach dem Attentat berichten die Zeitungen haargenau den Hergang des Geschehens. Als Folge der Sensationsmeldung werden die Pariser Buchhandlungen gestürmt. Floras Peru-Text, bisher nicht sonderlich erfolgreich, ist am gleichen Tag ausverkauft. Endlich steht sie im Zentrum des Geschehens, wenngleich vorläufig erst als gefeiertes Opfer. Vor Chazals Verfolgungen ist sie künftig sicher. Er wird zu zwanzig Jahren Zwangsarbeit verurteilt.

AUF REPORTAGE IN ENGLAND

Acht Monate nach Chazals Attacke besuchte sie – von ihren Verletzungen halbwegs genesen – ein weiteres Mal England, diesmal beruflich als Journalistin. Sie plant Reportagen über die Leiden des britischen Proletariats und gleichzeitig über das Luxusleben der Oberschicht. Zum Vorhaben angeregt hatte sie die Lektüre ihres Lieblingsautors Stendhal, der die Klassengesellschaft auf den Britischen Inseln mit den Kasten Indiens verglich und sarkastisch bemerkte, daß die erniedrigenden Arbeitsbedingungen der englischen Werktätigen für die Weltmacht eine Niederlage bedeuteten – vergleichbar der Niederlage Napoleons bei Waterloo; Frankreich könne sich durch Britanniens soziales Debakel gerächt fühlen.

In London, wo damals schon zwei Millionen Menschen lebten, traf Flora gleichgesinnte Freunde, die ihr beim Planen der Untersuchungen behilflich waren. Das Resultat ihrer »soziologischen« Erforschung Britanniens sind die 1840 in Paris veröffentlichten Reportagen *Promenades dans Londres ou l'aristocratie et les prolétaires anglais*, temperamentvoll und beißend geschriebene Texte einer mißbilligenden Beobachterin. Die Schriften wurden später von Karl Marx und Friedrich Engels als dokumentarisches Beweismaterial geschätzt. Sie selbst sagt: »Mein Buch zeigt der Welt die Heuchelei Englands, das sich überall mit seiner Handelsfreiheit brüstet und gleichzeitig die Freiheit der Bauern und Industriearbeiter mit drastischen Gesetzen einschränkt.«

Es ging ihr aber nicht vordringlich um die Anprangerung ungerechter Gesetze, sondern vor allem um einprägsame Darstellungen sozialen Elends. Sie recherchierte gründlich, ließ sich weder täuschen noch abspeisen, sah – wie früher Maria Graham im Süden Italiens – was andere übersahen: »Die mondänen Reisenden bleiben im West End stecken, freuen sich am Anblick der schicken Häuser und Equipagen, an prächtigen Pferden, modisch aufgetakelten Damen, leichtfüßigen Dandys, bestaunen die livrierten Diener und merken nicht, daß gleich daneben Elend, Mangel und Unterdrückung herrschen.«

Sie fuhr in die Industriezonen, nach Birmingham, nach Sheffield. Sie besuchte Fabriken, Bergbauanlagen, Gefängnisse, Krankenhäuser und registrierte, wie Frauen, Männer, Kinder mit nackten Füßen in den Kloaken wateten, im Dreck nach Eßbarem stocherten. Sie sah Verhungerte, Sterbende am Straßenrand liegen.

VERKLEIDET ALS TÜRKE IM PARLAMENT

Frauen war damals das Betreten des englischen Parlaments nicht gestattet. Flora beschloß, sich über das Verbot hinwegzusetzen, suchte Kontakte zu Abgeordneten, die möglicherweise bereit waren, sie in Männerkleidern heimlich einzuschleusen. Ausnahmslos alle lehnten ab. Darauf wandte sie sich an französische, spanische, deutsche Diplomaten in der Hoffnung, diese würden ihr wenigstens einen Platz auf der Tribüne verschaffen. Auch hier lauter Absagen.

»Zuletzt, eine ganz merkwürdige Geschichte«, schreibt sie, »fand ich einen Türken, eine hohe Persönlichkeit in wichtiger Mission in England, der war nicht nur begeistert von meinem Plan, sondern half mir auch, ihn zu verwirklichen. Er besorgte mir türkische Männerkleidung und bot mir außerdem seine Eintrittskarte, seinen Wagen und seine liebenswerte Begleitung an.«

In viel zu großen orientalischen Pluderhosen samt Turban betrat Flora das Unterhaus. Der Türsteher war mißtrauisch, hieß die beiden Paradiesvögel zunächst längere Zeit im Vorzimmer warten, um sie dann doch noch hereinzulassen. Flora war entsetzt über das Benehmen im Saal. Die Parlamentarier bewarfen sich gegenseitig mit Abfall, manche schnarchten laut oder lasen Zeitung, viele brüllten sich in solcher Lautstärke an, daß niemand den Referaten folgen konnte. Noch schlimmer fand sie die Zustände im Oberhaus, wo es ihr gleichfalls gelang, sich in ottomanischer Männertracht einzuschleichen:

> In dem Moment, als wir eintraten, sprach eben der Herzog von Wellington, der Bezwinger Napoleons bei Waterloo. Sein Vortrag war fad und schleppend. Als er fertig war, legte er sich doch tatsächlich in ganzer Länge rücklings quer über die Bankreihen, les quatre fers en l'air, die Beine nach den oberen Sitzen ausgestreckt, der Kopf hing unten. Diese Stellung war absolut grotesk! Ich war schockierter über die Sitten der Herren beider Kammern als sie über mein Kostüm.

Wenn man bedenke, argumentiert sie, daß von sechsundzwanzig Millionen Engländern bloß neunhunderttausend wählen dürften, sei die Arbeit dieses Parlaments ohnehin nicht ernst zu nehmen.

Das Los der Ärmsten im Land gleichgültiger Parlamentarier traf Flora persönlich, sie empfand Leid und Nöte schlimmer als alles, was sie bisher erlebt hatte:

> Seit ich das englische Proletariat beobachten konnte, ist die Sklaverei in meinen Augen nicht mehr das ärgste Schicksal. Ein Sklave bekommt wenigstens zu essen und wird gepflegt, wenn er krank ist, während es hier zwischen Fabrikherren und Arbeitern keinerlei Verbindung gibt. Geht die Arbeit aus, sterben die Leute auf ihren Strohpritschen; sind sie alt, finden sie nirgends Aufnahme. Entweder entwickeln diese Geschöpfe übermenschlichen Mut oder sie verfallen der Apathie.

Akribisch erstellte sie Statistiken, lieferte Zahlen und Fakten über Einkünfte, Wohnsituation und Alltag von Dockarbeitern, Prostituierten, Iren, die in Londons Elendsquartieren vegetierten, von Gefangenen, hungernden Kindern oder im Getto darbender Juden.

Die Schrift über England widmete sie den Arbeiterinnen und Arbeitern: »Ich möchte euch eure Lage klar machen. Deshalb habe ich dieses Buch geschrieben. Es gehört euch.«

AGITATION QUER DURCH FRANKREICH

Nach der Rückkehr aus London beschloß sie, auch in Frankreich nicht mehr tatenlos zuzusehen, wie sieben Millionen Arbeiterinnen und Arbeiter »in trostlosem Zustand verhungern müssen«. Mit missionarischem Eifer plante sie nun, das Los dieser Frauen und Männer zu verbessern. »Mein einziger Liebhaber fortan ist die Menschlichkeit«, deklariert die selbsternannte Befreierin der Geknechteten. »Paria-Erzherzogin« wurde sie von Kritikern verspottet, wegen ihrer autoritären, oft auch überheblichen Attitüden.

Ihr Ziel, die Welt zu verändern, formulierte sie fortan öffentlich und mit zunehmender Leidenschaft. Sie verfaßte einen Appell an die Arbeiterschaft, betitelt *Union Ouvrière*. Darin ruft sie alle Werktätigen auf, ihr Schicksal endlich selbst in die Hand zu nehmen, zu kämpfen gegen die Ausbeutung. Sie träumt von einer »Vereinigung der Arbeiterklasse«, von einer Allianz der Handwerker, Fabrik- und Hilfsarbeiter, die sich notfalls mit Gewalt Gehör verschaffen sollen:

»Am liebsten würde ich meinen Aufruf eigenhändig jedem Betroffenen unter die Mütze kleben«, erklärte sie, als sie hörte, daß die Leute meist gar nicht gewillt waren, ihren Vorschlägen, ihrer »großen Idee«, ihrer »Heilsvorstellung« zu folgen. Verzweifelt über die Gleichgültigkeit faßt sie den Entschluß, quer durch Frankreich zu ziehen und den Leuten von Ort zu Ort auf Versammlungen persönlich »die Wahrheit zu sagen«, sie mitzureißen und aufzustacheln.

Am 12. April 1844 um vier in der Frühe machte sie sich auf, bestieg in Paris ein Schiff zur Reise die Seine hinauf Richtung Auxerre, ihrer ersten Etappe: »Ich erwachte an jenem Tag und war bereit, die schöne und edle Mission zu beginnen, für die mich Gott in seiner Güte erwählt hat. Ich fühlte in mir die himmlische Gnade, die mich umschloß, mich magnetisierte und in ein neues Leben transportierte.«

Die Reise führte sie während der folgenden acht Monate über Dijon, Mâcon, Lyon, Avignon, Marseille, Nîmes, Carcassonne bis Bordeaux. Fast jeden Abend sprach sie vor fünfzig bis hundert, manchmal auch mehr Zuhörern, erklärte dem Publikum geduldig ihren politischen Standpunkt: gleiches Recht auf Arbeit für Männer und Frauen, Recht auf angemessene Entlohnung, Recht auf Brot, Recht auf Schulung. Einer der Teilnehmer erinnert sich später:

> Die Versammlungen waren geheim und nur Geladene zugelassen. Madame Tristan, das üppige schwarze Haar mit Silberfäden durchzogen, sprach mit großer Leichtigkeit und viel Enthusiasmus. Ihre vibrierende Stimme, ihr Charme beeindruckten. Obwohl ihr Projekt einer Arbeiterunion meinen politischen Ideen nicht entsprach, tat sie doch einen Schritt hin zur Verbesserung der Lage.

Flora begnügte sich aber nicht mit abendlichen Auftritten. Tagsüber war sie in den Städten unterwegs, sprach mit den Leuten, erschien unangemeldet und ungefragt in Wohnungen oder Werkstätten, um sich ein Bild zu machen von der Lage der Heimarbeiter. Sie führte Tagebuch über ihre *Tour de France* (sic!). Berühmt geworden und häufig zitiert sind ihre Erfahrungen in Nîmes, wo sie vom Hotelfenster aus direkt auf die Wasch- und Färbereianlage der Stadt herunterblicken konnte. Ein riesiges Loch, genannt Bassin, ist ausgehoben. Aber anders als bei normalen Becken, wo die Wäscherinnen vom trockenen Rand her arbeiten, stehen hier vierhundert Frauen bis zum Gürtel stundenlang im stinkenden Wasser voller Seife, Bleichlauge, Pottasche, Fett und Färbemittel und schlagen die Wäsche auf einen Stein, der mitten im Bassin plaziert ist. Warum in dieser »erzchristlichen Stadt« niemand auf die Idee kommt, die abstruse Konstruktion der Anlage zu ändern, ist Flora ein Rätsel. Die Frauen leiden an Rheumatismus, gynäkologischen Beschwerden, haben oft Fehlgeburten, quälen sich mit toxischen Hautausschlägen. Flora spricht ihnen Mut zu, erklärt sich solidarisch:

> Arme Schwestern! Ich bin nach Nîmes gekommen, und das erste, was ich sah, wart ihr! Ich verstehe eure Leiden. Meine Schwestern, ich schwöre euch, daß ich euch befreien werde. Ich will, daß meine Anklagen wie Blitze einschlagen, daß die Presse und alle Gutwilligen diesen verfluchten Ort verdammen, der seine Arbeiterinnen einem langsamen Tod aussetzt. Ich frage: Hat jemals ein barbarisches, primitives Land seinen Leuten eine vergleichbare Grausamkeit zugefügt wie die Stadt Nîmes diesen Frauen?

Im konservativ gesinnten Süden Frankreichs werden ihre Auftritte von der Polizei argwöhnisch beobachtet. »Die Absichten der Dame erinnern an das Hirngespinst des Kommunismus«, steht in einem Rapport zu lesen. In Carcassonne wird sie sogar von einem jungen Polizisten vorgewarnt: »Ich weiß, Sie sind eine Heilige und

Befreierin der Menschheit und ich bin nur ein verachteter kleiner Polizist. Dennoch muß ich Ihnen mitteilen, daß Dämonen und Vampire hinter Ihnen her sind. Passen Sie auf sich auf!«

Ende September erreichte sie Bordeaux, schwer erkrankt an Typhus. Seit langem schon hatte sie sich fiebrig gefühlt, über Koliken, Kopfschmerzen, Übelkeit geklagt. Nie suchte sie einen Arzt auf oder gönnte sich einen Tag des Ausspannens: »Bevor ich meine *Tour de France* nicht hinter mir habe, denke ich nicht an mich selbst.« In Bordeaux brach sie zusammen, Freunde nahmen sie auf und pflegten sie sieben Wochen lang. Zwischendurch ging es ihr besser, an manchen Tagen fühlte sie sich sogar schmerzfrei. Sie arbeitete bereits an einem neuen Buch, einem erneuten Appell an die Arbeiterschaft: »Ich bin sicher, daß die Menschen ihr Heil finden werden, weil ich an den unaufhörlichen Fortschritt glaube, der die Welt vorwärts bringen wird.«

Am 14. November 1844 starb Flora Tristan, einundvierzig Jahre alt. Am 16. November trugen ein Schreiner, ein Schneider, ein Klempner und ein Schlosser ihre Bahre zum Friedhof *La Chartreuse* und demonstrierten als Ehrbezeugung die von ihr propagierte Gemeinschaft der Handwerker. Herablassende Zeitungsnachrufe in den Lokalblättern bezeichneten Flora als »Opfer ihres heiligen Glaubens, als Kämpferin auf verlorenem Posten in der Sozialarmee«.

Vier Jahre später, kurz nach der gescheiterten Revolution von 1848, errichtete die französische Arbeiterschaft der Vorreiterin auf dem Friedhof in Bordeaux ein Monument. Achttausend Leute waren bei der Enthüllung zugegen. Die Inschrift lautet:

A la mémoire de Mme Flora Tristan, auteur de l'Union Ouvrière, les travailleurs reconnaissants. Liberté, Egalité, Fraternité.

Graham: Flucht nach Merry Old England

Ohne den Schiffskapitän George Anson Byron, Vetter des berühmten Dichters und Erben seines Adelstitels, wäre die Fahndung nach der inzwischen still und heimlich aus Brasilien verschwundenen Maria Graham ohne Resultat geblieben. Dank Captain Byron aber läßt sich ihr Wiederauftauchen in England wenigstens publizistisch rekonstruieren – nämlich anhand einer Auftragsarbeit, die sie seltsamerweise angenommen hatte.

Im Jahr 1824 besuchten König Kamehameha II. von Hawaii und seine Gemahlin, Königin Kamamalu, das ferne Britannien, erkrankten dort an Masern und starben. Die englische Regierung charterte den Segler *Blonde* und beauftragte Captain Byron, die sterblichen Überreste des Herrscherpaars in die Heimat zu überführen und sich dort auch gleich höchst geheim zu informieren über die Umtriebe amerikanischer Missionare auf den Sandwich-Inseln (heute Hawaii-Archipel), fünfundzwanzig Jahre nach der Ermordung des britischen Entdeckers James Cook.

Die Fahrt dauerte zwei Jahre. Dem Schiffsgeistlichen war die Pflicht auferlegt, den Verlauf der Expedition zu dokumentieren und die subversiven Aktivitäten der christlichen Bürger Amerikas auszuspionieren, deren apostolische Arbeit offenbar zu einer politischen Annexion der Inseln führen sollte. Der Pfarrer entledigte sich seiner Aufgabe aber höchst nachlässig und brachte einzig einen Wust unkoordinierter Notizen nach Hause. Dieses Bündel sicherte sich ein pfiffiger Londoner Verleger in der Hoffnung, daraus einen Kassenschlager zu produzieren. Der Kapitänsname Byron sowie das exotische Kolorit Hawaiis schienen ihm Gewähr für hohe Verkaufszahlen. Maria Graham bekam den Auftrag, die losen Fetzen – *scraps*, wie sie sagt – in ein zusammenhängendes, packendes Buch zu verwandeln. »Der Pastor«, klagte sie, »ließ das Zeug zurück, wie ein Strauß sein Ei in der Sonne liegen läßt, in der Annahme, ein anderer brüte es dann schon aus.« 1826 bereits erschien das Werk in London, also war sie spätestens 1825 dort wieder ansässig.

Dieser Text, heute für dreitausend englische Pfund einzig im Antiquariatshandel erhältlich und weder in einer europäischen noch überseeischen Bibliothek ausleihbar, stand mir nicht zur Verfügung. Der Wahrheit zuliebe muß vermerkt werden, daß Marias zusammengestückelter Reisebericht in der angesehenen *North American Review* in Grund und Boden gestampft wurde, allerdings aus politischen Gründen.

Die hellhörige Graham geht mit den aggressiven Praktiken der amerikanischen Prediger hart ins Gericht, weil sie für die einheimische Kultur bloß Verachtung zeigen. Der Rezensent hingegen steht auf der Seite der Bekehrer und ist der Ansicht, der erfahrene Leser von Reiseliteratur wisse zu unterscheiden zwischen Erzählern, die Fakten verbreiten, und solchen, die mit minimalen Kenntnissen und bar jeden Verantwortungsgefühls einzig ihre eigene Dürftigkeit und Dummheit zur Schau stellen:

Der Londoner Verleger übergab das Material einer gewissen Mrs. Graham, halb literarische Erfinderin, halb schöngeistige Handwerkerin, deren Waten in den Notizen dem Geschäft offenbar dienlich ist. So können Reiseberichte von London aus verfaßt und jedem Klima angepaßt werden. Mrs. Graham bezeichnet sich als Herausgeberin, sie ist aber nichts anderes als eine Fälscherin und Lügnerin.

Bei Erscheinen des Buches arbeitete Maria bereits an ihren nächsten Projekten, einer Geschichte Spaniens für Jugendliche und der Übersetzung eines Werkes aus dem Französischen über das entlegene Thema »Revolutionen im ottomanischen Reich«. Die ironischen Spötteleien, mit denen sie selbst ihren Schreibeifer kommentiert, vor allem im Fall des britischen Pastorenspions auf Hawaii, zeigen die Heimgekehrte zumindest gewillt, ihrer südamerikanischen Enttäuschung mit Arbeitseifer zu begegnen.

ZWEITE HEIRAT
Am 20. Februar 1827 heiratete der Junggeselle und Landschaftsmaler Augustus Wall Callcott, ein Zeitgenosse William Turners, an seinem achtundvierzigsten Geburtstag die um sechs Jahre jüngere Maria Graham. Wer ist Callcott?

Zur Welt kam er als Sohn eines wenig geschäftstüchtigen Londoner Maurers, der aber so blendend aussah, daß er nacheinander zwei Heiraten mit Frauenspersonen schaffte, die ihm mehr Vermögen einbrachten, als er je selbst hätte zusammenscheffeln können. Augustus Callcott wuchs in Kensington auf, in einem hinlänglich kultivierten Haus voller Stiche nach alten Italienern sowie leidlichen Kopien holländischer Meister. Eigentlich hätte die Mutter den Sprößling gerne als Musiker gesehen, der aber wählte die Malerei zum Beruf.

Auf der Akademie saß er in der Klasse des damals allseits verehrten Schweizers Johann Heinrich Füssli und empörte sich über dessen »Ausdünstung von Eitelkeit und Überheblichkeit sowie stetes Wortgeprassel und Ideenarmut«. Füssli und sein zurückhaltend-braver Schüler konnten offenkundig nichts miteinander anfangen.

1805 stellte Callcott zum ersten Mal in der Royal Academy aus: flache Wiesen mit Kühen im Vordergrund, Parklandschaften, eine Wassermühle. Der junge Künstler hatte Glück. Dank der Nähe seines Elternhauses zum illustren *Holland House*, wo Vater Callcott regelmäßig Reparaturen ausführen mußte, wurde er früh schon bekannt und vertraut mit aristokratischen Käuferschichten, die ihm seine leicht zugänglichen Werke gerne abnahmen. Auch Prinzgemahl Albert ergötzte sich an den lieblichen Darstellungen englischer Landschaftsidyllen.

Zehn Jahre nach seiner ersten Ausstellung löste sich der Maler überraschend von den immergrünen Szenerien und wandte sich plötzlich Schiffen und dem wilden Meer zu. »Nie war Callcott so nahe an Turners Malerei wie um jene Zeit«, schreibt der englische Kunsthistoriker David Brown, der 1981 in der *Tate Gallery* die Rückschau auf Callcotts Schaffen eingerichtet hatte. Skeptiker interpretierten die Nähe zu Turner dagegen als ungelenke Versuche der Nachahmung.

Die Bewertung von Callcotts Malkunst wäre hier nicht statthaft. Ein Blick auf die Gemälde ist jedoch um so aufschlußreicher, als Maria – selbst stilsichere Aquarellistin, dazu Verfasserin einer Biografie des Barockmalers Nicolas Poussin – offenbar wenig von der künstlerischen Ausdruckskraft ihres Mannes hielt. Jedenfalls bemerkte später ein Freund, daß sie im Gespräch oder in Briefen stets »einen Schleier über das Werk ihres Mannes zog«. Mitte des neunzehnten Jahrhunderts beurteilte der angesehene Kritiker John Ruskin in seinem berühmt gewordenen Buch über die damals moderne englische Malerei auch Callcotts Werk:

Ich habe wenig Respekt und erkenne beim Künstler weder Vorlieben noch Betroffenheit noch irgendein Zeichen von Inspiration oder Freude. Es scheint, als habe er die Bilder methodisch fertiggestellt und sie dann für gut befunden, in mancher Hinsicht wohl sogar besser als die Natur. Er malte mittelmäßig, nie überdurchschnittlich, zündete kein Licht an.

1843 ernannte Königin Viktoria Callcott zum Aufseher über ihre Bildergalerie, ein einflußreicher Posten im britischen Kunstbetrieb. Bereits 1837 war er geadelt worden, Maria wurde durch ihre zweite Heirat zur Lady.

Der Mensch Callcott wird als liebenswürdig, humorvoll, vorurteilslos und großzügig beschrieben, als äußerst höflich charakterisiert, aber auch als Höfling belächelt. Das pure Gegenstück also zum ungezügelten Thomas Cochrane. Warum hat Maria Graham Augustus Callcott geheiratet? Einige Vermutungen seien erlaubt.

Sie lernte ihn und seinen älteren Bruder mitsamt dessen elf Kindern im Jahr 1826 kennen, als sie in der Nachbarschaft eine Wohnung nahm. Selbst kinderlos, einsam nach bitterem Verzicht, nach langen Auslandsjahren ziellos nach Hause zurückgekehrt, erfreute sie sich offensichtlich am Trubel, fühlte sich endlich in einer regelrechten, zahlreichen Familie aufgenommen. Callcotts Kunst war damals beim Londoner Publikum bereits hoch angesehen, er verkehrte in den besten Kreisen. Maria war nicht unempfänglich für Ehrung und Aufnahme in den obersten Etagen der Londoner Gesellschaft.

Die Ehe als Schutzschild gegen den Schmerz der Einsamkeit? Als sicherer Schlupfwinkel in der Heimat, wo sie im bisherigen Leben wenig Geborgenheit fand? Zweifellos fehlt das Feuer, wenn Maria von ihrem neuen Gefährten spricht.

Bei Durchsicht ihrer Tagebücher und Erinnerungen überrascht, wie unverblümt sie als junge Frau die Leidenschaft für Captain Graham offen legte. Deutlich zeigt sie in den späten brasilianischen Journalen auch ihre Gefühle für Thomas Cochrane, den wesensverwandten Seefahrer. Beim dritten Mann in ihrem Leben anerkennt sie hingegen vor allem »die Empfindsamkeit, Ruhe und sein gewinnendes Wesen, für die man ihn lieben muß«.

Reicht das? Ihre verhaltene Charakterisierung Callcotts deutet auf wohl überlegtes Abwägen, auf die Bereitschaft zum Kompromiß: Schluß mit der Glücksuche rund um die Welt. Schluß mit Wagnissen, die im Kummer enden. Sicherheit im Überschaubaren. Wie schwer sie allerdings die angeblich geschätzte Ruhe ertrug, beweisen Unrast und Tempo ihrer ersten großen Tour mit dem frisch angetrauten »Empfindsamen«.

HEKTISCH REISEN, RASTLOS SCHREIBEN

Ein ganzes Jahr nahmen sich die Callcotts Zeit für eine sonderbar hektische und zugleich beflissene Fahrt von Museum zu Museum, von Sammlung zu Sammlung in Deutschland, Österreich, Italien und Frankreich. Möglichst viele Kunstwerke aus verschiedenen Epochen und Ländern wollen die beiden sehen, vergleichen, begutachten. Die Malkunst ist sichtlich der Boden ihrer Beziehung, der Inhalt ihrer Gespräche. Callcott war vor seiner Heirat kaum herumgekommen. Zweimal erst hatte er kurz den Kanal überquert, wegen Aufträgen zu Bildern von Schiffen und holländischen Seestädten. Spät wagte er sich, nun im Schutz seiner Frau, in unbekannte Zonen. Gerne wüßte man Marias Antwort auf die naheliegende Frage: Hat Callcotts ängstliches Verharren in den heimatlichen Gefilden die Weltenbummlerin nie befremdet?

Erste Station der ausgedehnten Hochzeitsreise war Rotterdam, das sie per Schiff nach achtundvierzig Stunden Sturm erreichten.

Auf den harten Bänken eines Rheindampfers schliefen sie auf der Weiterfahrt Köln entgegen, dick eingepackt in Mäntel und Pelze. Dort endlich konnten sie – bereits sechs Tage auf dem Kontinent unterwegs – die Kleidung wechseln und ausruhen. Von Bonn ging es in einer Privatkutsche Richtung Bamberg und Nürnberg. Maria beklagte sich über »extrem schlechte Straßen, halb Pflaster, halb tiefer Sand, die Pferde schaffen es nur mit Mühe, die Karosse durch den Dreck zu schleifen«. Zunehmend fühlten sich beide erschöpft vom tagelangen Schaukeln, Schwanken und Sitzen auf engstem Raum. Noch vor der Ankunft in München begann Maria zu husten, Blut zu spucken. Ihr altes Leiden war wieder da. Trotz Fieber machte sie sich in jeder Stadt am Weg emsig auf Kunstsuche, notierte das Gesehene, erstellte Kataloge, stöberte in Buchläden nach Reproduktionen.

Hatte sie sich als junge Frau in Indien bemüht, Englands Kolonialgebaren scharf unter die Lupe zu nehmen, oder später in Chile und Brasilien den Hintergründen der Befreiungsbewegung auf die Spur zu kommen, so gräbt sie sich jetzt mit vergleichbarer Energie in den Berg der Kunstgeschichte.

In Stuttgart, Ulm, Augsburg machte das Paar halt, dann folgten zehn Tage harter Arbeit in München. Der Wittelsbacher Ludwig I., König von Bayern, Förderer der Künste und antikenbesessen, hatte seine Glyptothek gerade halb fertiggestellt: »Überall Marmor«, schreibt Maria, »wir sahen einen prächtigen Torso herumliegen, der auf seine Beine wartet, die noch in Stroh verpackt sind. Köpfe und Büsten ohne Zahl lugen aus ihren Kisten.«

München als Residenz gefiel ihr ganz und gar nicht: »Völlig uninteressante Stadt! Das Pflaster verkrüppelt die Füße.« Natürlich standen auch hier die Bilder im Zentrum des Interesses. Rubens mochte sie nicht, sie warf ihm einen »traurigen Mangel an Geschmack« vor, »wie er seine Figuren formal zum Gegenstand macht«. Die Modernen – all diese »*unbekannts*«, verachtet sie. Warum? Weil sie mögliche Konkurrenten ihres Mannes schon gar nicht zur Kenntnis nehmen will? Auch fällt auf, daß sie angesichts der ungeliebten deutschen Zeitgenossen keinen Vergleich zugunsten der Malerei ihres Mannes wagt. Stolz teilt sie hingegen mit, daß sie und Callcott, dank der Intervention von Freunden, vom König die Erlaubnis erwirkten, noch vor Fertigstellung des Museums eine Sammlung alter Brabanter Maler zu sehen: »Wir waren sogar vor der Königin da und vor Humboldt, der abgewiesen wurde.«

Während der Weiterreise verschlimmerte sich Marias Krankheit, sie litt »am schlimmsten Husten seit einem Jahr, und das in Salzburg! Aber *pazienza*! Italien ist nah.« Sie fühlte sich schlecht, ausgelaugt, sehnte sich ungeduldig nach dem Süden. Alle Kunst, die sie jetzt begutachtete, verurteilte sie als »einzigen Haufen Abfall«.

Endlich der Brennerpaß, Bozen, Meran. Die Berge erscheinen ihr »wild bis zum Horror«. In Verona schließlich die Erleichterung, und »sei es nur wegen Shakespeare«. Vicenza findet keine Gnade, trotz Palladio. Der erste wirkliche Höhepunkt der ganzen bisherigen Reise wird Venedig, hier taut sogar der spröde Augustus auf. Tizian und Tintoretto werden besonders intensiv unter die Lupe genommen und für »stürmisch-großartig« befunden. In Padua bleiben sie Giotto zuliebe gleich mehrere Tage: »Die Figuren sind voller Gefühl, Anmut und Ausdruck. Kein Anflug eines niedrigen oder durchschnittlichen Gedankens ist sichtbar – alles rein, süß und edel.«

Kaum nachvollziehbar, wie die zwei – einzig und allein auf Bilder versessen – unverdrossen, fast blind durch die oberitalienischen Landschaften preschen.

Das nächste Ziel ist Mailand. Hier wenigstens steht ausnahmsweise ein Opernabend in der Scala auf dem Programm, und das auch nur deshalb, »weil mit Leonardos Abendmahl keine Zeit verloren ging«, der Zustand des Bildes sei allzu schlecht.

Anfang Dezember kommen Maria und Augustus bei dichtem Nebel in Florenz an. Auch in der Stadt der Renaissancepalazzi zeigen sie kein Interesse für die Architektur, allenfalls sind Klagen über das Wetter, den kalten Regen, die vom Arno überfluteten Gehsteige und die nassen, eisigen Füße zu lesen. Dafür füllt Maria Seiten über Seiten mit Bildbeschreibungen. Ihr Kunstfuror macht stutzig. Erträgt sie den fügsamen Gatten einzig dank rastlos konsumierter Werke seiner erlauchten Kollegen?

Über Arezzo gelangen sie nach Cortona. Mit einem zweispännigen Ochsenkarren lassen sie sich den steilen Hang zur Stadt hinauf hochziehen, jeden Moment gewärtig, mit dem Gefährt in die Tiefe zu sausen. Nach Überwindung der Schreckstrecke endlich im »seltsam ungemütlichen« Gasthaus angekommen, zündet die dienstwillige Wirtin sogleich ein Feuer an und verheißt die baldige Mahlzeit. Aber nichts geschieht. Vergebliches stundenlanges Warten. Schließlich bringt der Wirt eine Suppe und berichtet, daß seine Frau in der Zwischenzeit das fünfte Kind geboren und noch etwas Mühe habe mit der Küche. Anfang Januar 1828 erreichen sie Rom.

Erinnerungen für Maria, die erst acht Jahre zuvor mit ihrem Kapitän Graham hier gelebt und in den Bergen Banditen gejagt hatte? Ein einziges Mal entsinnt sie sich früherer Zeiten, bei einem dreitägigen Ritt – ohne Callcott – nach Tivoli und Palestrina: »Vor neun Jahren war ich zu verschiedenen Malen hier. Die Leute erkannten mich sogar und wußten auch, was mir inzwischen widerfahren war ...«

Auch hier gilt ihr einziges Interesse den Galerien oder privaten Ateliers, sie verliert sich in begeisterten Berichten über Ausstellungen. Ungleich wichtiger als beim ersten Aufenthalt sind ihr jetzt die Kontakte zur englischen Kolonie in der Vatikanstadt, der sie viel Beachtung schenkt, die Empfänge und Dinners bei Lord X und Lady Y, zum Teil noch alte Bekannte aus Indien oder Südafrika: die Teilhabe an der Welt der Aristokratie.

Häufig besuchte sie den Bildhauer Thorwaldsen, war Gast in seinem Atelier wie auch im Privathaus, traf dort den Hannoveraner Diplomaten, Mäzen und Kunstsammler August Kestner, freundete sich mit ihm an. Ob freilich Augustus, ihr Ehemann, den täglichen Trubel, die zahllosen Einladungen, Gegeneinladungen, Feste, nächtelangen Gespräche oder auch Marias Alleingänge goutierte, erfahren wir nicht.

Bereits nach einem knappen Monat in der Heiligen Stadt hetzen die beiden weiter nach Neapel auf »*cativissime strade*« – wie Maria klagt – durch die wilden Gebirgszüge, die ihr von früher vertraut sind. Sie machen halt in Sorrent, Amalfi, aber nicht auf Capri, der Sturm verhindert zu Marias Verdruß die Überfahrt.

Noch einmal sehen sie auf der Rückfahrt Rom, verabschieden sich dort von den neugewonnenen Freunden. Thorwaldsen schenkt Maria zur Erinnerung eine Meerskizze. Mitte März 1828 beginnt die Heimreise via Orvieto, Florenz, Pisa, Carrara. Maria kraxelt in die Marmorbrüche, bestaunt die halsbrecherische Arbeit des Steinschneidens. In La Spezia dann die erzwungene Übernachtung in einer düsteren Matrosenabsteige, mitten in den engen Gassen der Altstadt. Viel Zeit ging verloren, weil die Kutsche sich im engen Stadttor von Portovenere verklemmte. Maria trägt's mit Fassung: »Ich aß den besten Hummer meines Lebens – ausgenommen natürlich die Krebse von Juan Fernández, der Crusoe-Insel.«

Entlang der Riviera erreichen sie Frankreich. Bestürzt stellt Maria fest, wie deutlich die Zerstörungen aus der Revolutionszeit allerorts noch sichtbar sind: »Sogar in einer blühenden Stadt wie

Marseille sind die Türme, Mauern, Kirchen und Klöster überall beschädigt. Auf dem Land liegen die Dörfer in Schutt und in den Kirchen sind die Statuen alle enthauptet.«

In Toulon und Marseille sieht sie ein letztes Mal Kriegsschiffe, läßt sich hinausrudern zu den Fregatten und Korvetten, will einmal noch Schiffsholz riechen und mit der Hand über die Planken streichen, bleibt stundenlang im Boot sitzen, verstrickt in Gedanken an ihre eigenen Fahrten.

Endlich beginnt die letzte Etappe der langen Hochzeitsreise: Calais–London.

EINGESCHLOSSEN

London, das Haus ihres Mannes in Kensington, wird Maria während der kommenden Jahre kaum mehr verlassen. In die Welt jenseits des Kanals reist sie von jetzt an nur noch in Briefen. Schon bald nach der Heimkehr von der anstrengenden Grand Tour mußte sie das Bett hüten, fühlte sich zu schwach, um noch auszugehen. Sie richtete sich ein in ihrem Reich der Erinnerungen und in ihrer Schreibwerkstatt. Mehr als ein Jahrzehnt lang bis zum Tod wird sie die Welt im Kopf durchwandern.

Im ersten Jahr nach der Rückkehr aus Italien tauschte sie noch regelmäßig Nachrichten aus mit den Römer Freunden. Vor allem die jungen Maler und Bildhauer hielten sie auf dem laufenden über Alltag und Klatsch: »Turner hat eben sein Bild von Orvieto beendigt.« – »Wir feierten eine Punsch-Party – leider ohne Sie.« – »Der König von Bayern ist hier und lädt täglich einen oder zwei von uns Künstlern zu Tisch.« – »Wann kommen Sie wieder nach Rom?«

Sie erfährt von Heiraten, amourösen Eskapaden, Ausstellungen, wird in Stil- und Herzensangelegenheiten um Rat gefragt. Immer sind die Episteln an Maria persönlich gerichtet, nie an Callcott.

Aufschlußreich ist der Satz in einem Brief von Charles Eastlake, ihrem früheren Porträtisten, mit dem sie sich immer noch besonders gut versteht: »Als ich kürzlich in England war, sah ich kein einziges Werk von Callcott. Von jedem englischen Talent habe ich eine Vorstellung – außer von seinem.«

Marias Leiden verschlimmerte sich schnell. Sie blieb in ihren vier Wänden gefangen, bewacht von Lillo, dem geliebten weißen Riesenhund. Nachts, wenn sie nicht schlafen konnte, dachte sie darüber nach, wie und auf welche Weise die Menschen verändert werden müßten, damit in einer zum Besseren gewendeten Welt endlich Ruhe einkehre. Sie träumt von ihrem ureigensten Utopia, das sie ausschließlich mit Kindern bevölkert, die in kleinen, überschaubaren Schulen früh mit allen möglichen Künsten – Musik, Tanz, Zeichnen – vertraut gemacht werden müßten. »Ich baue Luftschlösser«, sagt sie und möbliert sämtliche Klassenzimmer mit gut bestückten Bibliotheken, wo Mädchen und Jungen, unabhängig von ihrer Herkunft, an schön geschreinerten, breiten Tischen auf bequemen Stühlen vor einem knisternden Kamin während drei freien Tagen in der Woche lesen sollen: Bücher, die ihnen die Welt, die Geschichte, die Literatur erschließen.

Maria erhofft und ersinnt – wie auch Flora Tristan – eine gerechtere Gesellschaft. Statt aber wie die Französin das Los der Arbeiterschaft verbessern zu wollen, denkt Maria an die Jüngsten, denen eine umsichtige, vom Staat bezahlte Erziehung den Weg in die Hilflosigkeit und Armut verbarrikadieren soll. Weil sie krank und unbeweglich ist und auch weil die Herkunft ihr den Gedanken verwehrt hätte, politisch zu agitieren, kämpft sie auf behutsame Weise für das Ziel eines gerechteren Diesseits. Ihre Zukunftsideen verstaut sie in einem Buch für Kinder: *Little Arthur's History of England.*

»Du wirst schon sehen, wie ich das Patchwork auslegen werde«, schreibt sie an eine Freundin, »es handelt sich um ein Experiment: Aus dem Gedächtnis und ohne irgendwelche Autoritäten zu konsultieren, will ich einem intelligenten Kind die Geschichte Englands erzählen.«

Little Arthur ist Marias politisches und moralisches Vermächtnis, die leise Revolte eines kranken und – möglicherweise – mutlos gewordenen Menschen. Sie setzte sich gegen Bosheit und Niedertracht zur Wehr mit der Beschwörung einer heilen englischen Welt, in die sie sich nach allen Lebensstürmen und Fährnissen, nach Abenteuern und Enttäuschungen zu retten sucht.

Im Buch erklärt sie dem achtjährigen Arthur – nach ihrer eigenen Aussage einem kleinen Freund im wirklichen Gespräch – die Geschichte Britanniens, von den Druiden über die Römer bis zum geisteskranken Hannoveranerkönig Georg III., der 1820 gestorben war. Der Text wurde nach Marias Tod bis spät in die viktorianische Zeit systematisch erweitert und den Kindern des *Empire* als nationales Ruhmesepos vorgelegt.

Sie verpackt die sperrige Historie in kurze Kapitel, wirft Licht auf die alten Königsgeschichten, verschweigt zwar Mord und Totschlag nicht, zeigt böse Taten aber stets als unvermeidliche Stolpersteine auf dem Weg zum Guten. Wo Shakespeare in menschliche Abgründe hineinzündet, versucht sie stets zu begreifen und zu verzeihen. Wo irre Könige dulden, daß unnötige Kriege angezettelt werden, lenkt sie ab. Zum Beispiel im Fall ihres Zeitgenossen, Georgs III., der den unsinnigen und aussichtslosen Kampf gegen ein unabhängiges Amerika führen läßt. Da streicht sie – bestrebt um Ausgleich – einzig die wissenschaftlichen Errungenschaften während seiner Herrschaft heraus, etwa die Erfindung des Gaslichtes als Wohltat fürs Volk.

Marias Geschichtserzählung für das Kind Arthur ist der Versuch, gegen Ende des Lebens mit sich selbst ins reine zu kommen, endlich den inneren Frieden zu finden. »Ich bin überzeugt«, bekennt sie im Vorwort, »daß die wohlbegründete Liebe zum eigenen Land das Ziel jeder moralischen Erziehung sein muß als beste Gewähr, die aufgeklärte *(enlightened)* Liebe für die gesamte Menschheit zu garantieren.«

Siebzig Auflagen wird das Buch, erstmals erschienen 1835, in den folgenden Jahrzehnten erreichen, mehr als eine Million Exemplare wurden bisher in sämtlichen englischsprechenden Ländern verkauft.

HALBZAHME MÄUSE, PÜNKTLICHE VÖGEL

Die Kranke igelt sich in ihren letzten Lebensjahren immer mehr ein in ihrem Reich, wo sie Besuche empfängt und weiterhin schreibt – zuletzt ein Pflanzenlexikon, illustriert mit eigenen Zeichnungen, die heute im British Museum aufbewahrt werden.

Ihren Mann schickt sie allein auf Gesellschaften, zu Einladungen, damit sie durch seine Berichte über das Londoner Tagesgeschehen *à jour* bleibt. Sie amüsiert sich aus zweiter Hand, kommentiert wie eh und je scharfzüngig Skandale oder Alltagsepisoden. Sie verwandelt das Krankenzimmer in einen Salon und empfängt dort regelmäßig ihre vielen Bekannten. Von Kissen gestützt, herrscht sie im stattlichen Raum über die Runde, bestimmt Gästeliste und Gesprächsthemen. Meist ist sie es, die redet, und wirkt dabei manchmal auch »etwas anmaßend« in ihrer Gastgeberrolle – wie einer der Freunde bemerkt –, obwohl sie sich selbst als hilflose Gefangene bezeichnet.

Ihr Schlafzimmer ist nun das Zentrum des Hauses, jede Ecke verstopft und verstellt mit Möbeln und Objekten, auf ihren Reisen gesammelt. Ein Neffe beschreibt dieses *Réduit* liebevoll in Versen, listet die Einrichtung auf, so daß wir uns heute noch ganz vertraut in ihrem Zimmer umsehen können:

Antike Lehnstühle stehen neben modernem Mobiliar; eine frei von der Decke hängende Schreibvorrichtung, eine Art schwebender Sekretär, pendelt über dem Bett, drei unterschiedlich große Tische sind beladen mit allerlei Krimskrams, die Wände bis oben bedeckt mit Büchern in allen Sprachen der »Verwirrnis nach dem babylonischen Turmbau«. An den wenigen leeren Stellen wie auch über dem Kamin sind Haken eingeschlagen mit Bildern oder sonderbaren Gegenständen daran: Aquarellen, goldenen Heiligenfiguren, Engelsköpfen in seltsamer Nachbarschaft mit vertrockneten Kränzen oder Gemmen. Am Boden Marmor- oder Wedgwoodvasen, daneben ein altamerikanischer Becher, Briefschachteln, vollgestopfte Körbe. Dazwischengezwängt liegen Lillo, der Hund, und eine schwarze Katze. Zusammengepfercht sitzen die Gäste.

In einem Alkoven unter dem Fenster hat sie ihr Lager aufgeschlagen. Kletterpflanzen dienen als natürliche Vorhänge. Wenn die Sonne durchs Glas scheint, werfen die Blätter Schatten als Arabesken übers Bett. Täglich und pünktlich um dieselbe Zeit erscheinen halbzahme Mäuse und Vögel auf dem Fensterbrett, denen die Kranke eine Mahlzeit hinstellt. Ein Freund erinnert sich: »An den langen Sommerabenden, wenn die Sonne im Westen unterging und mildes Zwielicht den Raum füllte, waren sie und die Gesellschaft um sie herum wie ein Bild, an das sich nun unsere Erinnerung klammert.«

Am 21. November 1842 ist ihr Jahre dauerndes Aufbäumen gegen die Krankheit zu Ende. Sie wurde siebenundfünfzig Jahre alt.

Von Humboldt überschattet

Den Chimborazo haben weder Graham noch Tristan je bestiegen. Wie denn? Beiden war Ecuador unbekannt. Auch andere Humboldtsche Zielsetzungen seiner *Voyage aux régions équinoxionales du Nouveau Continent* wären ihnen fremdartig vorgekommen. Flußkatarakte hat Maria zwar auf Flößen überwunden, bestimmt aber nie ausgemessen. Die Gesteinsschichten der Küstengebirge, das Leben in Meerestiefen, der Verlauf von Riesenflüssen oder das Dunkel der Regenwälder, bevölkert von Jaguaren, Satansaffen, Papageien lockten die beiden Frauen nicht. Und von all den »herrlichen Naturscenen und naturhistorischen Merkwürdigkeiten am brasilianischen Rio Doce«, die sich ihrem Zeitgenossen, Maximilian Prinz zu Wied und Neuwied, so tief einprägten, haben sie vermutlich gar nie gehört.

Warum diese Anspielungen auf frühe Reisende in der entlegenen Welt? Weil zu der Zeit, als Maria Graham und Flora Tristan in Chile, Peru und Brasilien lebten, bereits ganze Karawanen von Botanikern, Zoologen, Vulkanologen, Geographen zusammen mit professionellen Zeichnern und Malern aus verschiedenen Teilen Europas in Südamerika unterwegs waren, um im Kielwasser Alexander von Humboldts die Landsleute daheim das Staunen über den wenig bekannten Kontinent zu lehren. Staunen über exotische Tiere, Pflanzen, überwältigende Berglandschaften oder die damals der Alten Welt noch unvertrauten indianischen Stämme.

Verwirrend nun ist, daß diese fernen Fahrten samt ehrwürdigem Bildmaterial heute noch große Beachtung finden und regelmäßig in exklusiven Hochglanzheften, Printmedien alltäglicher Art, Fernsehdokumentationen oder gewissenhaft gestalteten Ausstellungen als Sensationen der Vergangenheit auftauchen. Keinesfalls seien hier die Verdienste Humboldts und seiner Nachfolger geschmälert. Nur: Weshalb sind längst veraltete naturkundliche Expeditionsberichte so viel attraktiver als die gewitzten Schilderungen des ebenso versunkenen, aber kaum sonstwo dokumentierten Alltagslebens in jenen Gegenden? Warum sind Grahams und Tristans vielschichtige Recherchen mitsamt den Autorinnen in der Versenkung verschwunden, wo beide doch unmißverständlich heutige Verhältnisse nicht nur kommen sahen, sondern anhand lebendiger Szenen sozusagen sichtbar und erfahrbar machen? Durchaus möglich wäre nämlich, daß ausgewählte Passagen aus beider Schriften, in jetzigen Tageszeitungen als aktuelle Kommentare publiziert, den Lesern als jüngste Vorkommnisse irgendwo in Lateinamerika erscheinen müßten.

MISCHT PETER PAN MIT?

Keine falschen Schlüsse: Nicht das ungebrochene Interesse für die Reiserisiken naturforschender Helden und – im Gegensatz dazu – der Jammer um die Nichtbeachtung zweier klarsichtiger Kritikerinnen iberischen Koloniallebens sind hier Thema. Klagen über beiseite geschobene kluge Frauen wären nach dem jüngsten Posaunenstoß der Genforschung und seinem überraschenden Widerhall in der Weltpresse ja auch längst nicht mehr zeitgemäß.

Vor kurzem erst konstatierte nämlich Deutschlands achtbarstes

Feuilleton gleich in mehreren Nummern, daß der Wind in puncto Frauen gedreht hat, und prophezeit, in welche Richtung er künftig blasen wird. Diagnostiziert werden bei Männern in westlichen Gesellschaften »soziobiologische Veränderungen« in Richtung »Peter-Pan-Syndrom«, was den Frauen zu übermächtigen Positionen an den zentralen Schaltstellen vor allem der elektronischen Medien und mithin sogar der Politik verhelfe.

Diese Vermutung ruht auf akademischem Fundament. In seinem populärwissenschaftlichen Bestseller »*Der Mann*«. *Ein Irrtum der Natur?*, auf den sich die Artikelserie bezieht, analysiert der englische Genforscher Steve Jones sowohl Bau als auch mögliche Mutationen des männlichen Y-Chromosoms und ist der Ansicht, daß in dessen DNS-Sequenz ein bedenkliches Gen lauert, das dem »schwächlichen Chromosom, das nicht einmal in der Lage ist, genetische Schäden abzustreifen, wie andere Chromosomen dies durch Austausch untereinander tun«, auf Dauer übel mitspielen könnte. Die Folge: »Männer sind langfristig zum Untergang verurteilt, da das für sie spezifische Chromosom sukzessive degeneriert. Der menschliche Mann ist ein Auslaufmodell der Evolution.«

Dies in Kürze der Befund des Genetikers. Dahingestellt bleibe, ob er zutreffend ist. Nun aber stellt sich die Frage: Was haben derlei neueste Erkenntnisse mit dem Verschwinden der beiden Südamerikareisenden Maria Graham und Flora Tristan aus unserem heutigen Gesichtskreis zu tun?

Die Anwort ist unkompliziert: Die Genwissenschaft übersieht ein zentrales soziokulturelles Faktum. Denn offen bleibt, ob die derzeit mit erstaunlichem Ernst geführten Diskussionen um die scheinbar rasche Ausbreitung des Typus »ewig pubertierender Mann noch mit sechzig Jahren« nicht zu Beginn bereits lahmen, weil Peter Pan seinen Schabernack in mannhaften Seelen nicht erst jetzt treibt und mit künftiger »Degenerierung des Y-Chromosoms« immer bunter treiben wird. Denn: Seit jeher spielte er dort seine Streiche. Und zwar mit Erfolg. Als Beispiel diene das Urteil Lord Gilbert Elliot Mintos über seinen nahen Freund Nelson, den gefeierten Admiral: »In manchen Punkten ist er ein wirklich großer Mann, in anderen ein regelrechtes Baby.«

Mit unverwüstlichen Peter-Pan-Träumen männlicher Seelen mag demnach zusammenhängen, daß zum Beispiel Humboldts gewagte Besteigung des Chimborazo nach zweihundert Jahren noch mit großem Aufwand in allen Details nachgestellt und fernsehgerecht in Serie dokumentiert wurde, hingegen vergleichbar verwegene Unternehmungen Grahams und Tristans keine Jünglingsphantasien zu beflügeln vermögen und deshalb vergessen bleiben.

So einfach liegen die Dinge jedoch nicht. Das Ärgernis, daß zwei herausstechende Frauen zweihundert Jahre lang nicht ihrem Marktwert gemäß ernstgenommen werden, verlangt nach einer weniger kecken Begründung.

Zwei Deutungen sind möglich, beide miteinander verknüpft. Zum einen waren zu Grahams und Tristans Lebzeiten kritische Studien aus Kolonialzonen spärlich, weil unerwünscht. Die Europäer mit Überseebesitz wollten aus den abgelegenen Gebieten Erfolgsmeldungen hören, nicht Tadel am Verhalten ihrer Landsleute. Und wenn, zweitens, die provokanten Wahrheiten über lächerliche oder untaugliche Kolonisten mitsamt ihren unerfreulichen Kriegszügen auch noch von Frauen stammten, stießen sie um so mehr auf Abwehr.

Zur Erinnerung sei hier die Bemerkung Lord Hollands über Marias Texte wiederholt: »Ich habe ihre Bücher zwar nie gelesen, glaube aber, sie sind unweiblich und impertinent.« Das Verdikt hätte auch Tristan treffen können.

Wie ging Graham mit der betrüblichen Gewißheit um, nur mit Herablassung wahrgenommen zu werden? Wie reagierte Tristan, als ihr peruanischer Onkel sie wegen ihrer beißenden Kritik mit Geldentzug und symbolischer Verbrennung bestrafte?

TRAUMWELT ALS SCHUTZWALL

Wer – wie Graham und Tristan – damals als Frau derart unbekümmert um Tadel und Kopfschütteln seinen Weg ging, konnte durch eine naserümpfende Gesellschaft kaum verunsichert oder ins Wanken gebracht werden. Beide hatten als Aufmüpfige in einer Zeit gelebt, als Querköpfigkeit nicht zu den weiblichen Tugenden zählte. Beide waren scharfsinnig, energisch, forsch und erpicht darauf, der Welt ihre Erfahrungen in ausführlichen Veröffentlichungen bekannt zu machen. Ihr Protest gegen gängige Auffassungen setzte den Mut zum Anecken voraus. Dieser Mut, sogar in der Konfrontation mit der eigenen Kultur, hatte beide angespornt, auch das Fremde unverkrampft unter die Lupe zu nehmen.

Weder bei Graham noch bei Tristan fand ich Klagen über Ausgrenzung und Nichtbeachtung oder Mißmut über engstirnige Reaktionen auf ihre Taten und Texte. Es ist überliefert, daß Tristan bei der Nachricht von ihrer symbolischen Verbrennung in Arequipa laut auflachte. Zorn allerdings empfanden beide manchmal schon – das ja.

Was aber bei beiden gegen Ende des Lebens immer deutlicher spürbar wird, ist der wachsende, unausgesprochene seelische Schmerz, die innere Auflehnung gegen Unverständnis und mangelndes Feingefühl, denen sie ausgesetzt waren. Als Konsequenz zogen beide einen Schutzwall hoch um ihre psychische Verletzlichkeit: Sie errichteten sich eine Traumwelt.

Maria, im Lauf der Jahre immer stärker von ihrer Krankheit bedroht, reagierte ihrer Lage gemäß defensiv, floh zu einem Trugbild. Flora dagegen, gesteigert angriffslustig, kämpfte offensiv für ihre persönliche Utopie einer barmherzigen und gerechten Weltgemeinschaft.

Als Angehörige des *British Empire*, Seefahrerin und Aristokratin erschuf sich Maria Graham Lady Callcott eine heile Heimat, ein paradiesisches Albion – fernab aller Wirklichkeit. Dorthin, in die Illusion, zog sich die Kranke in ihren letzten Jahren zurück – zusammen mit dem kleinen Jungen, dem sie ihre rettenden Geschichten erzählte.

Ganz anders Flora Tristan, die sich selbst als »Charakter bis zur Tollkühnheit kampfbereit« bezeichnet. Ihr heftiges Temperament, ihre Herkunft erzwangen die Revolte, die Tat. Allein auf sich selbst gestellt, riskierte sie den Kampf für die Arbeiter, die einfachen Leute, die ihr aber nur widerstrebend folgten und häufig kundtaten, daß sie diesen Kampf gar nicht wünschten oder nicht recht verstanden.

Zwei Frauen, am Ende im Leeren? Mit dem Verlauf ihres Lebens hadernd? Resigniert? Ganz bestimmt nicht! An den Anfang ihrer Geschichte stellte ich den Satz von Graham Greene:

But if you are interested in life it never lets you down.

Graham und Tristan waren beide begierig »am Leben interessiert«, suchten – für ihre Zeit erstaunlich – überall nach Erklärungen, erwarteten Antworten auf ihre stets neuen, zum Teil die Zukunft vorwegnehmenden Fragen. Sie lebten in steter Ungeduld und Anspannung, maßen jedem ihrer Schritte Wert und Gewicht zu, hatten beide an zwei Enden gebrannt und wurden allein schon deshalb von diesem Leben niemals betrogen.

Bücher zum Weiterlesen

Die Hinweise auf Maria Grahams und Flora Tristans Originaltexte sowie einige Empfehlungen zusätzlicher Publikationen, denen ich wichtige Auskünfte verdanke, sind in fünf Abschnitte gegliedert:
In Teil eins und zwei finden sich alle Veröffentlichungen Grahams und Tristans aufgeführt, die unmittelbar dieses Buch betreffen. Im dritten und vierten Teil sind Arbeiten erwähnt, die weitere Angaben zu den beiden Südamerika-»Entdeckerinnen« enthalten. Der fünfte Abschnitt befaßt sich mit Reisenden, die fast zur selben Zeit dort unterwegs waren, gibt Hinweise zur Literatur über das geschichtliche Umfeld und verweist auf eine Artikelserie im Feuilleton der *Frankfurter Allgemeinen Zeitung* über die Arbeit des englischen Genetikers Steve Jones.
Was die ergänzende Literatur zu Graham und Tristan betrifft, ist die Gewichtung unterschiedlich. Graham weckte bisher kaum Interesse, folglich sind Nachrichten über ihre Person rar. Auch Tristan blieb über ein Jahrhundert vergessen, wurde aber vor gut zwanzig Jahren ans Licht gezogen, vorwiegend in akademischen Zirkeln Frankreichs, Amerikas bis nach Neuseeland. Verschiedene Disziplinen – Literaturwissenschaft, Soziologie, Geschichte und vor allem die *Women's Studies* – begannen in den achtziger Jahren

des letzten Jahrhunderts fast zeitgleich, sich mit der Sozialreformerin auseinanderzusetzen.

MARIA GRAHAM LADY CALLCOTT: IHRE WERKE

Die wichtigste Quelle für den Rückblick auf Maria Grahams Leben sind ihre südamerikanischen Journale: *Journal of a residence in Chile, during the year 1822*, und *Journal of a voyage to Brazil, and residence there, during part of the years 1821, 1822, 1823* (Erstausgabe: London 1824; Reprint: Praeger, New York 1969). Ihre indischen Abenteuer beschreibt sie in: *Journal of a residence in India* (Erstausgabe: Edinburgh 1812; Reprint: Asian Educational Services, New Delhi 2000).

Für die Rekonstruktion der Banditengeschichte aus Grahams Bericht: *Three months passed in the mountains east of Rome during the year 1819* (Erstausgabe: London 1820) verwendete ich eine frühe französische Übersetzung: *Séjour de trois mois dans les montagnes près de Rome, pendant l'année 1819, traduit de l'anglais sur la seconde édition* (Paris 1822; Reprints gibt es meines Wissens nicht).

Das Buch *Little Arthur's History of England* (Erstausgabe: London 1835) wurde nach Lady Callcotts Tod über einhundertdreißig Jahre lang mehrmals aktualisiert und neu aufgelegt – immer unter ihrem Namen, was der Autorin gegenüber nicht korrekt ist. Es stand mir eine solche »Neuausgabe« aus dem Jahr 1900 zur Verfügung, angereichert mit den politischen Taten Königin Viktorias, Kaiserin von Indien (John Murray, London 1900).

Alle Übersetzungen aus dem Englischen und dem Französischen: Susanne Knecht.

FLORA TRISTAN: IHRE WERKE

Anders als Graham hat Tristan kein »Hauptwerk« im Sinne einer »wichtigsten« neben weniger wichtigen biografischen Quellen hinterlassen. Jeder ihrer Texte bezeugt die stufenweise politische Sensibilisierung und Intensivierung ihres Sendungsbewußtseins. Nach der herben Kritik an den Zuständen in Südamerika folgt das Anprangern der englischen Klassengesellschaft und schließlich der Angriff auf die Arroganz der französischen Führungsschicht gegenüber der Arbeiterschaft – gipfelnd im Aufruf, »Gewerkschaften« zu gründen.

Ihre Südamerika-Erlebnisse publizierte sie unter dem Titel: *Pérégrinations d'une paria (1833–1834)*. *Témoignage* (Erstausgabe: Paris 1837). Für mein Tristan-Porträt benutzte ich die neueste zweibändige Ausgabe, ein Reprint mit Tristans Fußnoten (INDIGO & côté-femmes éditions, Paris 1999 et 2000). Im selben Verlag erschien auch die Neuauflage der *Promenades dans Londres* (Paris 1999. Erstausgabe: Paris 1840). Tristans Appell an die Werktätigen, sich gegen die Zumutungen seitens der Politik und der Wirtschaft gewerkschaftlich zu organisieren, betitelte sie kurz und bündig *Union Ouvrière* (Paris 1843).

Ihre Notizen, verfaßt während der Agitationstour quer durch Frankreich und von ihr selbst unter den Titel gestellt: *Tour de France. Etat actuel de la classe ouvrière sous l'aspect moral, intellectuel et matériel*, erschienen posthum, redigiert von Jules-L. Puech mit einer Einführung von Stéphane Michaud (Verlag François Maspero, Paris 1980).

Alle Übersetzungen aus dem Französischen: Susanne Knecht.

MARIA GRAHAM: ZUSÄTZLICHE LEKTÜRE

Zwei glückliche Zufälle: Eine Ururgroßnichte Maria Grahams aus dem Familienzweig von Callcotts Bruder suchte vor siebzig Jahren nach verschollenen Briefen, Tagebüchern, Notizen der von ihr bewunderten Verwandten. Das beharrliche Graben in Nachlässen, die Befragung von Nachkommen der Freunde Lady Callcotts trug Früchte. So tauchten Tagebuchfragmente über Marias Jugend und Briefe aus ihren frühen Ehejahren sowie der späten Krankheitszeit auf. Diese Zeugnisse, von der Ururgroßnichte Rosamund Brunel Gotch chronologisch präsentiert, machen eine Rekonstruktion von Grahams Leben überhaupt erst möglich: *Maria, Lady Callcott. The Creator of »Little Arthur«* (John Murray, London 1937).

Der zweite Zufall betrifft das Auffinden des unentbehrlichen Textes. Wochenlang schrieb ich im Internet die verschiedensten Antiquariate an – ohne Erfolg. Eines Tages unvermittelt der Telefonanruf eines Buchhändlers aus einem kleinen Nest im britischen Devon: Er teilte mit, daß ihm gerade eben ein Exemplar angeboten worden sei.

Viel Wissenswertes über Marias zweiten Mann, den Landschaftsmaler Callcott, steht im Katalog der *Tate Gallery* zu lesen, verfaßt aus Anlaß der Callcott-Ausstellung 1981 von David Blayney Brown: *Augustus Wall Callcott* (London 1981).

Die Informationen zu Lord Cochrane entnahm ich der Biografie von Ian Grimble: *The Sea Wolf. The Life of Admiral Cochrane* (Blond & Briggs, London 1978). Nach Durchsicht mehrerer Lebensbeschreibungen Cochranes fand ich bei Grimble die ausführlichsten Zitate aus Briefen, Protokollen, Logbüchern, Staatspapieren etc. Grimbles Akribie macht die Lektüre nicht eben vergnüglich, garantiert aber historische Genauigkeit.

Die bösartige Kritik über Marias Text *Voyage H. M. S. Blonde to the Sandwich Islands in the years 1824–1825* (London 1826) steht in: *North American review. Volume 26, Issue 58, January 1828.* Das fast vierzig Seiten lange Pamphlet ist deshalb erwähnenswert, weil der Rezensent sich vornehmlich darüber ärgert, daß eine Frau es wagt, die Machenschaften amerikanischer Missionare im fernen Hawaii aufs Korn zu nehmen. Sein Hader gegen Maria steigert sich bis zu Anrempeleien, was wiederum ihre schwierige Stellung in der damaligen Welt bestätigt.

FLORA TRISTAN: ZUSÄTZLICHE LEKTÜRE

Aus den verschiedenen akademischen Arbeiten über Tristan habe ich drei ausgesucht: eine Sammlung kommentierter, erst kürzlich entdeckter Briefe sowie zwei angelsächsische Untersuchungen.

Zuerst aber möchte ich das Buch des deutschen Emigranten und Kämpfers in der französischen Résistance, Gerhard Leo, erwähnen: *Flora Tristan. La révolte d'une paria* (Les Editions de l'Atelier, Paris 1994). Der Text ist sperrig. Beharrlich hat der Autor recherchiert, jede Quelle ausgeschöpft und mit eigener Phantasie angereichert. Entstanden ist eine Tristan-Story, ausufernd, mühsam zu lesen, aber als Hilfsmittel wertvoll.

Der Tristan-Spezialist Stéphane Michaud, Ordinarius für vergleichende Literaturwissenschaft an der Sorbonne, veröffentlichte aus unbeachteten Archiven Briefe von Tristan, verfaßt nach ihrer Rückkehr aus Peru: *Flora Tristan. La paria et son rêve. Correspondance établie par Stéphane Michaud* (E.N.S. Editions, Paris 1995). Vor allem in ihren Mitteilungen an die Freundin Olympe Chodzko läßt sich die private, warmherzige, chaotische, auch flegelhafte Flora aufspüren.

Schließlich seien zwei Publikationen aus dem Fach *Women's*

Studies erwähnt: die Arbeiten zweier Historikerinnen aus den USA und Neuseeland. 1988 legte Laura S. Strumingher von der *Cincinnati University* den Text vor: *The Odyssey of Flora Tristan* (Peter Lang Publishing Inc., New York 1988). Zehn Jahre später folgte die Neuseeländerin Susan Grogan, *Victoria University* in Wellington, mit der Darstellung: *Flora Tristan. Life Stories* (Routledge, London and New York, 1998). Struminghers Titel *Odyssey* wäre für beide Recherchen passend: »Odyssee« verstanden als intellektuelle Reise Tristans zum politischen und religiösen Ziel der Arbeiterbefreiung. Allerdings konzentriert sich Strumingher auf die abstrakten Reisestationen Floras rund um die Begriffe Freiheit, Gleichheit, Brüderlichkeit, während Grogan mehr an der psychologischen Charakterisierung ihrer Heldin interessiert ist. Folglich heißen Tristans Etappen bei ihr: Kind, Sklavin, Autorin, Sozialistin, Mutter der Arbeiter usw. Zum vertieften Verständnis Tristans in ihrer Zeit des sozialen Umbruchs tragen beide Texte bei.

SÜDAMERIKA: REISENDE, GESCHICHTE UND Y-CHROMOSOM

Alexander von Humboldt war zu Beginn des neunzehnten Jahrhunderts der berühmteste Berichterstatter über Südamerika. Die in meinem Text verwendeten Zitate Humboldts stammen aus der zweibändigen Insel-Ausgabe *Reise in die Äquinoktial-Gegenden des Neuen Kontinents*, herausgegeben von Ottmar Ette (Frankfurt am Main und Leipzig 1991). Diese Edition basiert auf Humboldts Fragment gebliebener Darstellung des eigentlichen Reiseablaufs seiner Südamerika-Expedition, betitelt *Relation historique*. Noch bis zu seinem Tod hat Humboldt bereut, seinen Lesern nur etwa ein Drittel des Reiseweges beschrieben zu haben.

Der Schweizer Naturforscher Johann Jakob von Tschudi bereiste Peru während fünf Jahren und publizierte seine Erfahrungen »für ein größeres gebildetes Publicum«, das zu unterscheiden vermöge zwischen »pikanter Touristenliteratur und objectiver Darstellung«. Daß es Tschudi gelang, seine objektive Darstellung auch noch pikant zu servieren, ist ein großer Vorteil des Textes: *Peru. Reiseskizzen aus den Jahren 1838–1842, vermehrt durch Marginalien in englischer Sprache* (Erstausgabe: St. Gallen 1846; Reprint: Akademische Druck- u. Verlagsanstalt, Graz 1963).

Die äußerst komplexe Befreiungsgeschichte Südamerikas als Folge der napoleonischen Kriege in Europa liest sich knapp zusammengefaßt bei Burkholder Mark A./Lyman L. Johnson: *Colonial Latin America* (Oxford University Press, fourth edition 2001).

Wer vertiefte Informationen wünscht, wählt das *Handbuch der Geschichte Lateinamerikas in drei Bänden*, herausgegeben von Walther L. Bernecker, Raymond Th. Buwe, John R. Fisher, Horst Pietschmann, Hans Werner Tobler. Dort den Band zwei: *Lateinamerika von 1760–1900* (Klett Cotta, 1992). Festzustellen bleibt, daß Graham und Tristan in keinem der erwähnten Geschichtswerke auftauchen.

Thema Y-Chromosom: Während des Schreibens der Schlußkapitel quälte mich zunehmend die Frage, warum die beiden ungewöhnlichen Abenteurerinnen Graham und Tristan vergessen wurden, während ihre in Südamerika reisenden Zeitgenossen nach zwei Jahrhunderten noch großes Ansehen genießen. Unerwartet fand ich eine mögliche Antwort in den Forschungsergebnissen des englischen Genetikers Steve Jones, präsentiert in einer Artikelserie der *Frankfurter Allgemeinen Zeitung*.

Noch wenn die Thesen des Wissenschaftlers über das – wie er sagt – »evolutionsbedingt degenerierte Y-Chromosom« einer Nachprüfung nicht standhielten und folglich seine Ansicht, daß heutige erwachsene Männer sich immer häufiger aufführen wie Peter Pan, die Wirklichkeit verzerrt, so fällt doch auf, wie intensiv alle – Print- und elektronische – Medien sich unentwegt längst vergangener Naturforscherexpeditionen annehmen. Offenbar in der Gewißheit, daß solche Berichte oder Sendungen Jünglingsphantasien beflügeln und Leserzahlen sowie Einschaltquoten erhöhen. Expeditionen von Frauen hingegen bleiben unerwähnt.

Frank Schirrmacher: *Männerdämmerung. Wer uns denkt: Frauen übernehmen die Bewußtseinsindustrie.* In: FAZ Nr. 149, 1. Juli 2003. Frank Schirrmacher: *Kennwort Y. Das Peter-Pan-Syndrom: Ein Schriftsteller attackiert die Frauen.* In: FAZ Nr. 166, 21. Juli 2003. Steve Jones: *Das Bild vom Y. Männer zerstören sich selbst.* In: FAZ Nr. 184, 11. August 2003. Christian Schwägerl: *Der Frauenzusammenführer. Der Mann ist auf jeden Fall das zweite Geschlecht: Ein Gespräch mit Steve Jones.* In: FAZ Nr. 194, 22. August 2003.

Dank

Unseren peruanischen Freunden in Lima, Ana María Ribeiro und Vladimir Sokolic, danke ich für großzügige Gastfreundschaft und wertvolle Hilfe. Ohne ihr resolutes Eingreifen läge unser Gepäck wohl heute noch am Flughafen in Caracas. Ohne ihre erklärte Absicht, uns während der ersten Tage die Geschichte des Landes nahe zu bringen, ohne ihre Bemühung, uns in langen Stadtfahrten die versteckten alten Winkel zu zeigen, wäre der Reisestart um vieles schwieriger gewesen.

Valentin Jaquet, dem versierten Schweizer Kenner Südamerikas, das er während vieler Jahre von Nord bis Süd erkundete, danke ich für wertvolle Reisehinweise. Er verstand es auch, während intensiver Diskussionen inmitten seiner kostbaren Privatsammlung lateinamerikanischer Volkskunst den Sinn für das Fremde zu schärfen. Der Direktion der *Banco Continental* in Arequipa mit Sitz in der Casa Tristán danke ich für die Privatführung durch den Palast, in dem Flora gewohnt hat.

Schließlich danke ich meinen Reisegefährten Theres Gensheimer und Andreas Knecht für ihre Geduld, die sie für Maria Graham und Flora Tristan aufbrachten. Oft war die Spurensuche nicht einfach, aber die Abenteuer unterwegs dafür um so vergnüglicher.

Personenregister

Aufgenommen sind Zeitgenossen von Maria Graham und Flora Tristan. Zur Schreibweise des Namens Tristan / Tristán: Der peruanisch-spanische Zweig setzt den Akzent, während sie selbst ihn wegläßt. Entsprechend habe ich die Schreibweise angeglichen.

Bolívar, Simón José, südamerikanischer Befreiungsheld aristokratischer Herkunft. Humanistische Erziehung in Venezuela und Spanien. Verachtete Napoleon als Verräter. Schwor auf dem Aventin in Rom feierlich, Südamerika zu befreien. Rief am 6. August 1813 die zweite Republik Venezuela aus. 1823 Invasion Perus zusammen mit General Sucre, der 1825 zu Ehren Bolívars die Republik Bolivien gründete. 1827 zerstörten Rivalitäten unter den Befreiern die Einheit Südamerikas. Bolívar starb tuberkulosekrank und entmutigt 1830   *104f.*

Bonaparte, Joseph, ältester Bruder Napoleons. König von Neapel (1803–1806), dann von Spanien (1808–1813). Verhöhnt von den aufständischen Spaniern, mußte er das Land verlassen. Starb 1844 in Florenz   *33*

Bonaparte, Napoleon, Artillerieleutnant, Brigadegeneral, Oberbefehlshaber der französischen Armee in Italien und des Expeditionskorps in Ägypten, Konsul auf Lebenszeit, Kaiser von Frankreich. Starb 1821

auf Sankt Helena *13f., 19, 30–37, 52f., 83f., 86, 99, 104, 158, 160*
Byron, George Anson, englischer Marinekapitän, Neffe des Dichters und Erbe des Adelstitels *165*
Callcott, Augustus Wall, zweiter Ehemann Maria Grahams *9, 167–170, 172–176*
Chabrié, Zacharie, Handelskapitän. Brachte Flora Tristan auf die Idee, nach Peru zu segeln *28, 51, 54, 143*
Chazal, André, Ehemann Flora Tristans und Vater ihrer drei Kinder *27f., 156–158*
Cochrane, Lady Elizabeth, Ehefrau von Lord Thomas *86–88, 90, 146, 148f.*
Cochrane, Admiral Thomas, 10th Earl of Dundonald, Freund Maria Grahams während ihrer Chile-Zeit *81–103, 144–146, 148–151*
Cotapos, José Antonio de, Gastgeber Maria Grahams in Santiago de Chile *65f.*

Dundas of Dundas, George, Admiral, Vater Maria Grahams *11, 14*

Eastlake, Charles, englischer Maler, Freund Maria Grahams *20, 176*

Engels, Friedrich, Sozialrevolutionär. Es heißt, daß er für seine Arbeit *Die Lage der arbeitenden Klassen in England* (1845) Tristans Text *Promenades dans Londres* als statistisches Quellenmaterial benutzte, *s.a.* Karl Marx *158*

Ferdinand VII., König von Spanien, Sohn von Karl IV. und Luisa von Parma, wurde von Napoleon nach Frankreich verbannt, kehrte 1814 zurück, verbot die in der Zwischenzeit eingesetzte Verfassung und löste damit die Befreiungskämpfe in Südamerika aus, *s.a.* Karl IV. und Luisa von Parma *33–36*
Fourier, François Marie Charles, französischer Sozialreformer, beeinflußte mit seinen utopistischen Sozialtheorien Flora Tristan *154*
Füssli (in England: Fuseli), Johann Heinrich, Schweizer Maler. Lebte in London. Lehrer von Augustus Wall Callcott an der Akademie *167*

Gauguin, Aline, Tochter von Flora Tristan und André Chazal, Mutter des Malers *27f., 143, 154, 156f.*
Gauguin, Clovis, Journalist, Vater des Malers, floh nach den

Aufständen von 1848 nach Peru, starb während der Überfahrt *143*
Gauguin, Paul, Maler, lebte als Kind sechs Jahre mit Mutter und Schwester bei der Familie Tristán in Arequipa und Lima *10, 24, 28, 144*
Godoy Alvarez de Faria Rías Sánchez, Manuel de, Gardekorpsmitglied Karls IV., Günstling Königin Luisas und Vater ihrer jüngeren Kinder. Eingekerkert 1808, auf Murats Intervention befreit. Lebte danach verarmt in Paris *32*
Graham of Fintry, Thomas, Marinekapitän, erster Ehemann Marias, starb während der Reise nach Chile *15, 19, 45, 48f., 60, 173*

Habsburg Leopoldina Maria, Erzherzogin, Tochter Franz' I. von Österreich, Ehefrau Don Pedros IV., Kaiserin von Brasilien, Freundin Maria Grahams, s.a. Pedro IV. *37, 147*
Hamilton, Lady Emma, floh vor Napoleons Truppen aus Neapel und lebte mit ihrem Mann und Admiral Nelson gemeinsam in Sizilien, wo Cochrane sie traf, s.a. Horatio Nelson *83*
Hamilton, Sir William, Gesandter Englands am neapolitanischen Königshof, Ehemann Lady Emmas *83*
Holland, Lady Elizabeth, eigenwillige Dame der Londoner Gesellschaft. War als verheiratete Lady Webster in Florenz mit Lord Holland durchgebrannt. Führte nach der späteren Heirat den damals berühmtesten Salon Londons. Verehrerin Napoleons, der ihr seine goldene Tabakdose vererbte *9*
Holland, Henry Richard Vassall Fox, 3rd Baron, Politiker, Diplomat *9, 183*
Humboldt, Alexander von, Südamerikaforscher. Prägte im 19. Jahrhundert das Südamerikabild Europas *107, 128, 172, 180f., 191*

Johann VI., König von Portugal, floh vor Napoleon mit dem gesamten Hofstaat nach Brasilien und machte Rio für vierzehn Jahre zur Hauptstadt Portugals, s.a. Pedro IV. *36*

Karl IV., König von Spanien, Vater Ferdinands VII., s.a. Luisa von Parma und Ferdinand VII. *32*
Kestner, August, Hannoveraner Kunstsammler, Mäzen und Diplomat. Lebte lange in Rom

und traf dort Lady Callcott
in Thorwaldsens Atelier,
s.a. Thorwaldsen *174*

Laisney, Anne-Pierre, Mutter
Flora Tristans *25f.*

Ludwig I., König von Bayern,
Bewunderer der Kunst und vor
allem der Antike. Verschaffte
den Callcotts in München
Zugang zur noch unfertigen
Pinakothek *171f.*

*Luisa Teresa Maria von Parma,
Königin von Spanien*, Mutter
Ferdinands VII., machte Godoy
zu ihrem Favoriten und eigentlichen Herrscher Spaniens,
s.a. Ferdinand VII. und
Manuel de Godoy *32*

Marx, Karl, deutscher Philosoph
und Sozialwissenschaftler.
Las angeblich auf Anraten von
Engels Tristans *Promenades
dans Londres*, *s.a.*
Friedrich Engels *158*

Minto, Lord Gilbert Elliot, enger
Freund und Berater Horatio
Nelsons *183*

Nelson, Horatio Viscount, Sieger
über Napoleon am Nil 1798
und 1805 bei Trafalgar,
s.a. Lady Emma Hamilton
83f., 183

O'Higgins, Bernardo, unehelicher
Sohn eines Iren und einer araukanischen Indianerin, erzogen
in England. Kämpfte erfolgreich
für Chiles Unabhängigkeit
und wurde erster Präsident des
Landes. Traf Maria in Santiago *59f., 64–68, 88, 90, 92, 95f.,
102*

O'Higgins, Isabella, araukanische
Mutter von Bernardo
O'Higgins. Stand ihm wäh-
rend seiner Präsidentenjahre in
Santiago als Dame des Hauses
zur Seite *67f.*

Pedro IV., Erster Kaiser von Brasilien,
Sohn Johanns IV. von Portugal.
Widersetzte sich seinem Vater
und verweigerte die Rückkehr
aus dem Exil nach Portugal.
Ließ sich in Rio zum Kaiser
Brasiliens krönen, *s.a.* Johann IV.
und Leopoldina Maria von
Habsburg *36f., 45–47, 147*

Riego y Nuñez, Rafael de, Haupt-
mann in der »Junta Revolucio-
naria de Asturias«. In Spanien
Symbol der Freiheit, Personifi-
zierung der Revolution. Widersetzte sich in Cádiz dem Befehl
Ferdinands VII., sich mit seinen
Truppen nach Südamerika ein-
zuschiffen, um dort gegen die

Befreiungsbewegung zu kämpfen. Erzwang vom König die Rückkehr zur konstitutionellen Monarchie 35, 71

Ruskin, John, Mitte des 19. Jahrhunderts gefürchteter englischer Kunstkritiker, lehnte die Malerei Callcotts ab *168f.*

Sachsen-Coburg, Albert von, Prinzgemahl Königin Viktorias, Bewunderer von Callcotts Landschaftsmalerei und Käufer seiner Bilder *168*

San Martín, José de, argentinischer Revolutionsheld. Offiziersausbildung in Spanien, 1817 zusammen mit O'Higgins Andenfeldzug, Befreiung Chiles. Widersacher Cochranes. Trifft Maria in Valparaíso. Angewidert von den südamerikanischen Bürgerkriegen emigriert er 1823 nach Frankreich, *s.a.* Bernardo O'Higgins und Admiral Thomas Cochrane *88, 90, 92, 96–100*

Thorwaldsen, Bertel, dänischer Bildhauer, befreundete sich mit Lady Callcott bei ihrem zweiten Aufenthalt in Rom, *s.a.* August Kestner *174*

Tristán, Mariano, Vater Flora Tristans *25f.*

Tristán, Pío, Onkel Flora Tristans, Familienoberhaupt, in Arequipa residierend *28f., 71f., 74–79, 105, 109, 143, 184*

Trollope, Anthony, englischer Schriftsteller zu Beginn des 19. Jahrhunderts *88*

Tschudi, Johann Jakob von, Schweizer Naturforscher, bereiste von 1838–1842 Südamerika *58, 129, 138, 141, 192*

Turner, William, englischer Maler, Zeitgenosse und unerreichtes Vorbild Callcotts *168, 175*

Viktoria, Königin von England, ernannte Callcott zum Aufseher ihrer Bildergalerie, adelte den Maler *169*

Wellington, First Duke of, Baron Arthur Wellesley, Soldat und Offizier. Kämpfte zuerst in Indien, später gegen Napoleon in Portugal und Spanien, Sieger in der Schlacht bei Waterloo. Politiker, Mitglied des Oberhauses, wo Tristan Gelegenheit hatte, ihn zu beobachten *160*

Wied und Neuwied, Maximilian Prinz zu, bereiste weite Teile Brasiliens zur Zeit von Maria Grahams Aufenthalt dort *180*

Susanne Knechts Heldinnen erobern die Welt!

Lady Sophia Raffles auf Sumatra
*Ein wagemutiges Leben –
wiederentdeckt und aufgeschrieben
in Sumatra, London, Berlin*

mit zeitgenössischen Abbildungen
und Fotos der Autorin, Personen-
und Ortsregister, Bibliographie
276 Seiten, geb. mit Schutzumschlag

Eliza Fraser
Schiffbruch vor Australiens Küsten

mit zeitgenössischen Abbildungen
und Landkarten sowie
einem Personenregister
180 Seiten, geb. mit Schutzumschlag

 Anregungen und Kritik, Lob und Tadel erreichen uns unter
www.europaeische-verlagsanstalt.de